책으로 듣는 강의

프랑스어 글쓰기

이재욱 지음

신아사

일러두기

이 책은 강의를 듣듯 공부할 수 있게 만들어진 프랑스어 글쓰기 학습서입니다. 매회 한 단원씩, 수강생들에게 말하듯 서술한 내용을 읽으며 질문에 답해 보고 연습 문제를 풀면 프랑스어 글쓰기 실력 향상에 큰 도움이 될 것입니다.

이 학습서는 초보자용은 아닙니다. 대상 독자는 DELF A2 이상 수준의 프랑스어 학습자입니다. 다시 말해 프랑스어 기초 문법과 상용 어휘 약 1,500 단어 습득을 필요로 합니다.

저자의 대학 강의를 바탕으로 쓰여진 이 책에는 그 강의를 수강했던 학생들의 작문이 첨삭과 함께 실려 있습니다. 같은 주제로 자신이 쓴 글과 비교해 보면 책을 통한 강의에서는 불가능한 쌍방향 수업 효과를 어느 정도 얻을 수 있을 것입니다.

차례

책으로 듣는 강의

프랑스어 글쓰기

제1강
오리엔테이션

<글을 쓴다>는 것은 무엇일까요

여러분, 백지 한 장을 꺼내세요. 그리고 그 위에 머릿속에 떠오르는 프랑스어 단어 하나를 적고 그 말에서 연상되는 다른 단어들을 차례로 써 보세요.

하셨나요? 제가 나열한 단어들을 보시죠.

l'été, les vacances, la mer, le soleil, une femme

이것을 가리켜 <글을 썼다>라고 말하는 사람은 물론 없겠죠. 백지 위에 글자를 떨어트린 것, 즉, 낙서에 불과합니다. 하지만 이렇게 단순히 나열된 어휘들은 한 줄의 글, 더 나아가 한 편의 글을 쓰기 위한 준비 작업, 즉, 메모가 될 수 있습니다. 글이 되기 위해서는 이들 단어들이 연결되어야겠죠. 그럼 어떻게 연결할 수 있을까요?

육하원칙에 의거해 질문을 해보세요.

누가

단어를 나열한 <나 Je>라고 하죠.

무엇을

내가 무엇을 했나요? <Les vacances>. 그렇죠. <휴가를 보내다 passer les vacances>가 될 수 있겠죠.

언제

<l'été>. <여름>이죠. 어느 해 여름이었던가요? <지난 여름 l'été dernier>이라고 합시다.

어디서

<바닷가에서 au bord de la mer>.

어떠한

그곳이 어떠했나요? <Le soleil>. 그렇죠. <태양이 비치고 faire soleil> 있었습니다.

자, 이제 연결해 봅시다.

L'été dernier, j'ai passé **mes** vacances au bord de la mer. Il **faisait** soleil.

두 문장으로 된 글이 탄생했습니다. 왜 소유형용사 <mes>가 들어갔느냐고요? 왜 <휴가를 보내다>는 복합과거형이고 <태양이 비치다>는 반과거형이냐고요? 차차 공부하도록 합시다.

이런, 앞서 열거한 어휘들 가운데 하나를 빠트렸군요. <une femme>, <한 여자>죠. 위의 완성된 문장에 삽입해 볼까요.

L'été dernier, j'ai passé mes vacances **avec une femme** au bord de la mer. Il faisait soleil.

<한 여자와 휴가를 보냈다.> 어떤 여자였을까요? 독자는 궁금해집니다. 글쓴이는 그의 호기심을 충족시키는 이야기를 들려줄 수 있겠죠. 위 글의 첫 문장은 따라서 한 편 소설의 도입부가 될 수도 있습니다. 자, 이제 여러분이 나열한 어휘들을 같은 방법으로 연결해 보세요.

여러분이 백지에 나열한 단어들, 즉, 머릿속에 떠오른 생각들을 프랑스어로 <idée>라 합니다. 글을 쓴다는 것은 일단 이 생각들을 연결하는 작업입니다. 따라서 생각이 없으면 글을 쓸 수 없겠죠.

생각과 생각, 단어와 단어가 연결된 것을 <문장 phrase>이라 합니다. 그리고 모든 문장은 <판단 jugement>의 산물입니다. 무슨 뜻이냐고요? <지구 la Terre>와 <둥근 rond>을 연결해 보세요.

La Terre est ronde. 지구는 둥글다.

바다로 나간 배의 돛이 수평선 아래로 점점 잠기다가 마침내 사라지는 것을 보며 누군가가 처음 그렇게 판단했겠죠. 다른 사람들이 <지구는 평평하다 La Terre est plate>고 믿고 있었을 때 말입니다. 그럼 이건 무슨 의미일까요.

La Terre est bleue comme une orange. 지구는 오렌지처럼 푸르다.

폴 에뤼아르란 프랑스 시인의 <판단>입니다. 실제로 우주에서 본 지구는 푸른색입니다. 표면의 70% 이상을 차지하는 바다 때문이죠. 푸른색은 아니지만 오렌지도 수분을 잔뜩 머금고 있습니다. 그래서 <처럼 comme>으로 연결된 것이죠. 시인의 판단의 산물인 위 문장을 읽으면 거대한 지구가 내 손바닥에 놓인, 시원하게 갈증을 풀어줄 새콤달콤한 오렌지처럼 정겹습니다. 그런 느낌을 주는 것이 시의 힘입니다.

문장과 문장이 연결되며 보다 긴 글이 만들어집니다. 앞서 만들었던 두 문장을 다시 볼까요.

L'été dernier, j'ai passé mes vacances avec une femme au bord de la mer. Il faisait soleil.

두 번째 문장은 휴가지의 날씨 묘사입니다. 따라서 부연 설명의 기능으로 앞 문장과 연결됩니다. 결속력을 좀더 강화해 볼까요.

Il faisait soleil **tous les jours**.

<휴가를 보내는 내내 화창한 날씨였다>지요. 부연 설명이 좀더 정확해졌습니다. 앞 문장과 연결성이 그만큼 강해진 것이죠. 하지만 제법 긴 휴가였다면 하루 또는 반나절 정도 흐린 날씨였을 법도 하죠. 위 문장에 뉘앙스를 주어야겠군요. <미묘한 차이>란 뜻의 <뉘앙스 nuance>는 프랑스어입니다. 언어생활에서 프랑스 사람들이 좋아하는 말이죠. 사실 그들은 일반화, 절대화시키는 말을 싫어합니다. 전 세계 사람들이 한 번쯤 가보고 싶어하는 그들 나라의 수도에 대한 자부심이 대단하지만 <파리는 세상에서 가장 아름다운 도시 Paris est la plus belle ville du monde>라고 말하지는 않습니다. <가장 아름다운 도시 중 하나 une des plus belles villes du monde>라고 하죠. <il faisait soleil tous les jours>에 뉘앙스를 줘 보세요.

그렇죠. <거의 매일 화창한 날씨였다 Il faisait soleil **presque** tous les jours>라고 할 수 있겠죠.

단어와 단어가 연결되고, 문장과 문장이 맞물리고, 문단과 문단이 이어지면서 백지가 채워집니다. 베틀 위에 날실과 씨실이 엮이며 천이 만들어지는 것처럼 말입니다. 그래서 글을 <텍스트 texte>라고도 하죠. <텍스트>란 말은 라틴어의 <texere>, <짜다>란 동사에서 왔습니다. 글을 쓴다는 것은 한 폭의 천을 짜듯 한 편의 텍스트를 생산하는 작업입니다. 날실과 씨실이 정교히 엮이지 않으면 천은 엉성하겠죠. 텍스트도 마찬가지입니다. 그래서 잘 쓴 글을 가리켜 <짜임새가 있다>라고 합니다. 그렇지 못한 글은 <엉성한 글>이죠.

한 올이면 충분할 곳에 여러 차례 실이 간 천은 결이 곱지 않겠죠. 택스트도 마찬자지입니다. <글이 매끄럽지 않다>라고 하죠. 조리가 없는 글을 두고 그렇게 말하지만, 필요 없는 말, 동어반복도 매끄럽지 못한 글을 만듭니다.

한국인의 언어생활에 중복어 사용이 잦다는 사실을 알고 있나요? 한 예로 <발로 차다>는 언뜻 이상할 게 없는 말입니다. 하지만 발 외에 그 무엇으로 찰 수 있을까요? <손으로 차다>? <머리로 차다>? <차다>는 <발로 타격을 가하다>란 뜻입니다. 따라서 <발로 차다>는 동어반복입니다. 십 수년 간 프랑스어 글쓰기 지도 경험에 비춰보면 한국 학생들의 잘못된 프랑스어 표현은 모국어의 이런 습관적 오용 때문인 경우가 많습니다. 한 학생이 첨삭을 부탁한 글에 이런 문장이 있더군요.

Je suis sorti dehors.

<밖으로 나갔다>라고 쓴 것이겠죠. 하지만 프랑스어 동사 <sortir>는 <안에서 밖으로 이동하다>란 뜻입니다. 따라서 <밖으로>란 의미의 <dehors>는 필요 없는 말입니다. 사실, 우리말의 <나가다>도 그 의미를 사전에서 찾아보면 <일정한 공간의 범위와 관련하여 그 안에서 밖으로 이동하다>로 정의되어 있습니다. <밖으로 나가다>는 전혀 이상할 게 없는 말이지만 실상 <밖으로>는 중복어죠.

동어반복을 가려내자면 자신의 쓴 글을 여러 번 읽어 봐야겠죠. 그래서 학생들에게 파스칼의 말을 인용하곤 합니다. <시간이 없어서 길게 썼다.> 무슨 뜻일까요? 쓴 글을 여러 차례 읽어 볼 시간이 있었다면 필요 없는 말, 중복어를 솎아내 글이 한결 짧아졌을 텐데, 그러지 못한 것에 대한 한탄입니다. 군더더기 없는 글, 결이 고은 글에 광적으로 집착했던 19세기 프랑스 소설가 플로베르는 <머리는 빗을수록 윤이 나고 글은 다듬을수록 빛이 난다>고 했습니다.

어떤 종류의 글을 써 볼까요

형태상 글의 종류는 <산문 prose>, <운문 poésie>, <극 théâtre>으로 나뉩니다. 여러분 가운데 프랑스어로 희곡이나 시나리오를 쓰는 것이 시급한 분이 계신가요? 써보고 싶은 생각은 있어도 그런 종류의 글을 쓰는 것이 당장 필요하지는 않겠죠.

운문은 말 그대로 운율이 있는 글입니다. 시, 정확히는 정형시를 가리키죠. 보들레르의 유명한 시 <이국의 향기 Parfum exotique> 첫 구절을 볼까요.

Quand, les deux yeux fermés, en un soir chaud d'automn**ne**
Je respire l'odeur de ton sein chaleu**reux**
Je vois se dérouler des rivages heu**reux**
Qu'éblouissent les feux d'un soleil monoto**ne**

첫 행 끝소리 [n느]가 마지막 행 끝에서 되풀이 되고, 두 번째 행 끝소리 [ʁø뤠]가 세 번째 행 끝에서 반복되죠? 즉, <각운 rime>을 맞추었습니다. 이렇게 운을 맞추는 것이 재미는 있겠지만, 동시에 여러분에게는 조금 어렵겠죠. 조금 정도가 아니라고요? 네, 몹시 어렵습니다. 운문을 써보는 것 역시 여러분의 프랑스어 능력이 향상된 다음으로 미루죠.

우리가 써 볼 글은 따라서 산문입니다. 산문은 글쓴이가 의도

하는 바에 따라 <서술문 texte narratif>, <묘사문 texte descriptif>, <설명문 texte explicatif>, <명령문 texte injonctif>, <논설문 texte argumentatif> 등으로 나뉩니다.

자신에게 일어난 사건, 또는 상상의 사건을 글로 이야기해 보고 싶으세요? 그런 의도로 쓰여진 글을 서술문이라 합니다. 앞서 보았던 <L'été dernier, j'ai passé mes vacances avec une femme au bord de la mer>가 그런 종류의 글 도입부가 되겠죠.

이재는 만날 수 없는 사람, 그래서 더욱 그리운 사람의 모습, 그의 독특한 습관, 사근사근한 말투, 입가에 잠깐 머물다 사라지던 미소를 글로 재현해 보고 싶으세요? 한 폭의 그림 같은 글이 묘사문입니다. 읽는 것보다 보는 것에 익숙한 오늘날 <영상세대>에겐 좀 지루한 글이죠.

지구 온난화가 걱정인가요? 북극의 빙하를 녹이는 주범이 무엇인지, 그 결과 지구 환경이 어떻게 변할지 사람들에게 말하고 싶나요? <온난화로 인한 지구의 미래>란 제목이 붙을 수 있는 이러한 글이 설명문입니다.

명령문은 어떤 글일까요? <먼저 배추를 두 쪽으로 갈라 소금에 절여 놓는다>와 같은 조리법 소개가 대표적인 명령문입니다. 위 예문을 프랑스어로 옮기면 이렇습니다. <D'abord, coupez en deux des choux chinois, puis salez.> <Coupez 잘라라>, <salez 소금에 절여라>. 보시다시피 동사가 명령형이죠.

마지막으로 논설문은 어떤 주장이나 사실에 대해 자신의 의견을 말하는 글입니다. 논설문의 궁극적 목적은 그 글을 읽는 이를 설복하는 것입니다. 그러자면 납득할만한 논거를 제시해야겠죠.

여러 종류의 산문들 가운데 우리가 써 볼 글은 서술문과 논설문입니다. 가장 자주 쓰게 되는 글이기 때문이죠. 책으로 듣는 프랑스어 글쓰기 강좌 전반부에서는 짜임새 있는 서술문 쓰는 요령을 익히게 됩니다. 독자인 여러분이 참여하는 강의가 되기 위해 연습문제와 과제도 준비했습니다. 한편, 후반부에서는 논설문의 구조와 논증술을 배우고 이런 종류의 글을 각자 한 편 써 보도록 하겠습니다. 여러분이 쓴 글에 첨삭도 해줄 수 있냐고요? 아하, 그것이 책을 통한 강의의 한계로군요. 하지만 혹시 압니까. 여러분의 작문을 펼쳐놓고 책 밖에서 마주할 수 있을지.

제2강
서술문의 구조

서술문은 쉽게 말해 <이야기>입니다. 우리말 <이야기>에 상응하는 프랑스어는 <histoire>, 또는 <récit>입니다. 전자는 내용을, 후자는 형태를 가리킵니다. <재미있는 이야기 하나 해주마>라고 할 때 <이야기>는 프랑스어로 <histoire>일까요 <récit>일싸요? 네, 그렇습니다. <Je vais te raconter une **histoire** amusante>죠. 그런데 듣고 난 친구의 표정이 무덤덤합니다. <이야기 récit>가 서툴렀기 때문일까요?

이야기하는 사람을 <화자 narrateur>라고 하죠. 화자가 자신의 이야기 속에 들어 있으면 <일인칭 서술>입니다. 이야기 밖에 있으면 <삼인칭 서술>이죠. 드물지만 <이인칭 서술> 형태의 글도 있습니다. 어떤 식의 서술인지 궁금하시면 미셸 뷔토르의『변경 La Modification』, 또는 한국 작가 최윤의『회색 눈사람』을 읽어보세요.

<일인칭 서술>, <삼인칭 서술> 등을 <서술층위>라 부릅니다.

이것과 <서술시점>을 혼동해서는 안됩니다. 전자는 <누가 이야기 하느냐>, 후자는 <누가 보느냐> 하는 문제입니다. 삼인칭 소설이지만 이른바 <작가 전지적 시점>이 아닌, 한 등장인물의 시선을 통해 사건을 서술할 수도 있습니다. 한 예로 사실주의 소설의 전범이라 할 수 있을『보바리 부인 Madame Bovary』은 삼인칭 소설이지만 서술시점은 최초의 등장인물 샤를르 보바리에서 그의 부인이 되는 엠마로 옮겨 갑니다.

서술문 쓰기에서 일인칭 서술, 또는 삼인칭 서술, 즉, 서술층위를 선택하는 것은 여러분의 자유지만, 잘 구성된 글을 쓰기 위해 잠시 후 소개할 <서술도식 schéma narratif>을 따르는 것이 바람직합니다. 사실 배우는 단계에서는 답습이 필요하죠. 오만과 우연의 산물이 아닌 진정한 의미의 독창성은 마스터한 전통적 형식의 한계를 넘어 보려는 시도에서 나오는 것입니다. 이는 글쓰기 뿐만 아니라 다른 예술창작에서도 마찬가지입니다. 그 예로 회화사에 혁명을 일으킨 입체파 화가 피카소의 초기 작품들은 전통적 기법에 더할나위 없이 충실한 그림들입니다. 클래식 좋아하시는 분은 아시겠지만 모차르트 음악도 마찬가지입니다.

독창적 형식의 글을 쓰고 싶은 욕망을 꾹 억누르고 답습할 서술도식은 다섯 단계로 구성되어 있습니다.

1단계 : 최초 상황을 서술합니다. 언제, 어디서, 누가 무엇을 하고 있었는지, 또는 그가 어떤 상태였는지 말하는 것이죠.

예) Un soir, je me promenais dans une rue.

2단계 : 발단, 즉, 이야기를 촉발시킨 사건을 서술합니다.

예) Soudain, j'ai entendu : « Au voleur ! »

3단계 : 그 사건에 관계되었거나 지켜본 사람들의 반응을 서술합니다. 위 예의 경우, 소매치기를 당한 사람의 어쩔 줄 몰라 하는 모습과 행인들의 태도를 묘사할 수 있겠죠.

예) La victime avait l'air perplexe. Mais les passants ne faisaient que la regarder.

4단계 : 이야기를 촉발시킨 사건의 반작용으로 일어난 일을 서술합니다. 위에서 예로 든 사건의 경우 현장에 있었던 화자가 정의감에 불타는 용감한 사람이었다면 도둑을 쫓아갔을 수 있겠죠.

예) J'ai poursuivi le voleur.

5단계 : 그래서 어떻게 되었나요? 즉, 결말 부분입니다. 용감할 뿐만 아니라 몸이 날랜 화자는 <결국 소매치기를 붙잡았다> 라고 해 보죠.

예) Je l'ai finalement attrapé.

이 서술문은 따라서 한 편의 무용담이겠군요.

다음은 서술문의 한 예입니다. 서술도식을 상기하며 읽어 보세요.

C'était un dimanche après-midi à New-York. Nous nous preomenions sur le pont de Brooklyn avec des amis qui étaient venus nous rendre visite. Nous admirions la vue et échangions nos impressions sur les gratte-ciel qui nous entouraient. Soudain ma fille m'a tiré par la main. Elle insistait pour me montrer quelque chose. Nous nous sommes retournés et nous avons vu une femme simplement vêtue d'un maillot de bain qui marchait très lentement comme si elle était à la plage.

Réussir le Delf B1, Didier

최초 상황 서술에 해당하는 부분이 어디까지인가요? 이 부분을 구성하는 요소들을 <묻고 답하기> 를 통해 찾아 볼까요.

Quand ? : Un dimanche après-midi.
Où ? : A New-York, sur le pont de Brooklyn.
Qui ? : Nous (Moi et ma fille).
Quoi ? : Se promener.

서술을 촉발시킨 사건은 무엇이었나요? 그렇죠. <수영복만 걸친 한 여자가 걸어가고 있었다 une femme, simplement vêtue d'un maillot de bain, marchait.> 입니다. 그게 무슨 <사건>이냐고요? 프랑스어로 <사건 événement>은 <주목할 만한 뜻밖의 일>뿐만 아니라 모든 종류의 <일어난 일>을 가리킵니다. 한 예로 <길을 가다 친구를 만났다 J'ai rencontré un ami dans la rue>도 하나의 사건입니다. 위 예문의 경우 어느 일요일 오후, 뉴욕 도심에서 화자가 목격한 것은 <일어난 일>인 동시에 신문에 날만한 <사건>이겠군요.

위 텍스트는 완성된 글인가요? 아니죠. 서술도식의 3, 4, 5단계가 모두 빠져있습니다. 서술문 강의 후반에서 여러분은 저와 함께 이 글을 완성시켜 볼 것입니다. 그에 앞서 다음 제3강과 이어지는 강의에서는 위 텍스트를 보다 면밀히 살피면서 최초 상황과 이야기의 발단이 되는 사건 서술에 필요한 여러 요소들을 보겠습니다.

제3강
때와 장소

최초 상황 서술에는 일단 <언제>, <어디서>가 들여가야겠죠. 때와 장소에 관련된 어휘와 표현들을 공부해 봅시다.

언제

일상생활에서 자주 사용하는 시점 중 가장 테두리가 큰 것은 연도겠죠. 여러분은 몇 년도에 프랑스어를 배우기 시작했나요?

J'ai commencé à étudier le français .....

연도야 아라비아 숫자만 알면 쓸 수 있지만, 문제는 그 앞에 놓이는 말, 전치사죠. 귀족층과 대립에서 부르주아 계층이 승리해 <앙시엥 레짐 ancien régime>, 즉, <구체제>가 막을 내린 사건인 프랑스 대혁명은 몇 년도에 일어났나요?

La Révouliton française a eu lieu **en** 1789.

네, 1789년입니다. 보시다시피 연도 앞에 전치사 <en>이 놓입니다. 우리말에서 앞말이 시간적 부사임을 나타내는 격조사 <에>에 해당하는 말이죠.

한국 역사에서 프랑스 대혁명에 비할 만한 사건은 어떤 것이 있을까요? 신분제도가 무너진 갑오개혁이 아닐까요? 이 개혁은 몇 년도의 일인가요? 앞서 문장을 본떠 프랑스어로 답해 보세요. <갑오개혁>은 프랑스어로 <la réforme de Gapo>라고 쓸 수 있겠습니다.

연도 다음으로 테두리가 큰 시점은 계절입니다. 프랑스어로 사계절명을 상기해 볼까요.

Le printemps, l'été, l'automne, l'hiver

문장 속에 들어가자면 이번에도 전치사가 필요합니다. <봄 le printemps> 앞에는 <à>가 붙고, <à+le>가 축약되어 <au printemps>이 됩니다. 나머지 계절명은 관사를 빼고 <en>을 붙입니다. <농부 paysan>를 주제로 사계절을 묘사해 볼까요.

Au printemps, les paysans sèment.
En été, ils travaillent dur.
En automne, ils récoltent les fruits de leur labeur.
En hiver, ils se reposent.

다른 주제로 사계절을 묘사해 보세요.

프랑스어로 열 두달 명칭도 다들 아시죠. 앞서 언급했던 프랑스 대혁명의 시작인 바스티유 습격 사건은 몇 월에 일어났나요?

La prise de Bastille a eu lieu **en** juillet.

<7월에>. 연도를 말할 때와 마찬가지로 격조사 <에>에 해당하는 전치사는 <en>입니다. 또는 <au mois de juillet>라고 쓸 수도 있습니다.

주의하세요. 달을 가리키는 말은 관사가 없습니다. 왜 그럴까요? 달의 명칭 대부분이 신의 이름, 또는 역사적 인물 이름, 즉 고유명사에서 유래했거나 숫자와 관계있기 때문입니다.

한 예로 6월을 가리키는 <juin>은 로마 신화의 여신 이름 유노, 프랑스식 표기 <쥬농 Junon>에서 왔습니다. 그 다음 달인 <juillet>는 그 유명한 로마의 장군 줄리어스 시저 Jules César를 찬양하기 위해 붙인 명칭이고요. <8월 août>은 시저의 양아들로 최초의 로마 황제가 된 아우구스투스 Auguste의 이름을 딴 것이죠. 7월과 8월이 둘 다 큰달, 즉 31일인 이유를 아십니까? 영아버지인 시저만큼 위대한 인물로 자처했던 아우구스투스 황제가 원래 30일이었던 8월을 시저의 이름을 딴 7월처럼 31일로 만들었다고 합니다. 추가된 하루는 2월에서 빼왔고요. 달력을 그런 식으로 고치다니, 황제가 되면 할 수 있는 일이 많았군요.

한편, 프랑스어로 <9월>을 가리키는 <septembre> 속에는 <7 sept>이란 숫자가 들어있죠. 로마의 옛 달력에서 일년의 첫 번째 달이 지금의 3월 mars이였기 때문입니다. 따라서 <septembre>는 일곱 번째 달이었죠. 그럼 이어지는 <octobre>, <novembre>, <décembre>도 각각 8, 9, 10이란 숫자와 관계 있겠군요. 그렇습니다. 아래 나란히 놓인 두 단어를 비교해 보세요.

octobre - **octo**gone(8각형)
novembre - **neu**vième (9번째)
décembre - **dé**cennie (10년)

이번에는 요일명을 상기해보죠.

lundi, mardi, mercredi, jeudi, vendredi, samedi, dimanche

여러분은 어느 요일을 가장 좋아하나요? 반대로 어느 요일을 가장 싫어하나요? 프랑스어로 써보세요. 필요한 동사는 <préférer>와 <détester>입니다. 둘 다 일군동사지만 <préférer>는 주격에 따라 두 번째 악센트 부호가 변한다는 것을 잊지마세요.

작문하면서 요일명 앞에 한정사를 넣었나요? 넣었다면 부정관사를 쓰셨나요 정관사를 쓰셨나요? 제2강에서 읽었던 텍스트의 첫 문장을 참고로 다시 봅시다.

C'était **un** dimanche après-midi à New-York.

요일명 앞에 부정관사가 놓였군요. 막연한 일요일, 즉, <어느 일요일>이란 의미입니다. <나는 어느 일요일을 가장 좋아한다 Je préfère **un** dimanche>라고 말할 수는 없겠죠. <나는 일요일을 가장 좋아한다>는 부정관사가 아닌 정관사를 넣어 <Je préfère **le** dimanche>라고 해야 합니다. 가장 싫어하는 요일을 말할 때도 마찬가지죠. 그럼 아래 두 문장은 의미상 어떤 차이가 있을까요?

Je vais à l'église le dimanche.
Je vais à l'église dimanche.

정관사 <le>가 들어간 첫 번째 문장은 <매주 일요일 교회에 간다>는 의미입니다. <일요일에는 교회에 간다>로 번역될 수도 있겠죠. 반면 한정사가 들어가지 않은 두 번째 문장은 <오는 일요일 교회에 간다>는 뜻입니다. 매주 일요일 교회에 가는지는 알 수 없죠.

주의하세요. 위에서 보시다시피 <일요일에>, 또는 <월요일에> 등, 부사적으로 요일을 말할 때 우리말 격조사 <에>에 해당하는 전치사 <à>는 붙지 않습니다. <Je vais à l'église **au** dimanche>, <Je vais à l'église **à** dimanche> 등은 따라서 틀린 표현입니다 상당 수준의 프랑스어 실력을 지닌 사람들도 가끔 범하는 실수죠.

프랑스 사람이 <à dimanche>라고 말하는 것을 들은 적이 있다고요? 그건 <일요일에 만나자>라는 인사말입니다. <내일 만나 à demain>처럼 말이죠.

마지막으로 하루의 한 시점을 가리키는 말들을 볼까요.

Le matin : 자정부터 정오까지의 시간대입니다. 따라서 우리말로는 <새벽 2시>라고 하지만 프랑스어로는 <아침 2시 2 heures du matin>가 됩니다. <새벽>을 가리키는 <l'aube>, <le petit matin> 등의 말이 있지만 시간과 함께 쓰지는 않습니다.

A midi : 낮 12시, 즉, 정오를 가리킵니다.

L'après-midi : 정오 이후 18시 전까지의 시간대입니다.

Le soir : 18시부터 자정까지의 시간대입니다. 따라서 우리말로는 <밤 11시>라고 하지만 프랑스어로는 <저녁 11시 11 heures du soir>가 됩니다. 밤을 가리키는 <la nuit> 역시 시간과 함께 쓰지는 않습니다.

아래 텍스트를 한정사와 전치사 사용에 유의하며 읽어보세요.

> Le dimanche, je me lève tard, vers 10 heures. A midi, je prends un brunch dans un restaurant près de chez moi. L'après-midi, je me promène, lis ou écoute de la musique. Le soir, après le dîner, je regarde la télé ou surfe sur Internet. Bref, je me repose bien le dimanche.

일주일 가운데 한 요일을 골라 자신의 하루를 위 텍스트처럼 이야기해보세요.

어디서

이번에는 장소와 관계된 말들을 볼까요. 먼저 제2강에서 읽었던 아래 텍스트를 다시 읽으며 장소 전치사를 찾아 보세요.

> C'était un dimanche après-midi à New-York. Nous nous preomenions sur le pont de Brooklyn avec des amis qui étaient venus nous rendre visite. Nous admirions la vue et échangions nos impressions sur les gratte-ciel qui nous entouraient. Soudain ma fille m'a tiré par la main. Elle insistait pour me montrer quelque chose. Nous nous sommes retournés et nous avons vu une femme simplement vêtue d'un maillot de bain qui marchait très lentement comme si elle était à la plage.

그렇죠. <**à** New-York>, <**sur** le pont de Brooklyn>, <**à** la plage> 등에 들어있는 굵게 표시한 말들이 장소 전치사입니다.

이번에는 아래 텍스트의 빈칸을 제시된 전치사 또는 관용구를 사용해 채워보세요. 같은 전치사가 두 번 이상 사용될 수도 있습니다.

sur – sous - à – en – à côté – dans – au bout - autour

..... Paris .... France, il y a une célèbre voie : Avenue des Chaùps-Elysées. ..... les deux côtés de cette avenue, sont alignés des boutiques de luxe et aussi des cafés et des restaurants assez coûteux. .... de cette voie, ... la place Charles-de-Gaulle, se trouve l'Arc de triomphe, un monument emblématique de Paris. Alors que l'avenue des Champs-Elysées attire en particulier les touristes étrangers, certains Parisiens aiment se promener .... une rue moins connue, plus tranquille donc. Un vieux quartier de Paris avec une petite place publique est effectivement charmant. Le promeneur peut se reposer .... un banc, ... un grand arbre sur la place. ...., de la place, sont installés différents commerces, un bistro par exemple. .... de ce restaurant populaire, il y a un bureau de tabac. Le buraliste et le restaurateur sont voisins depuis plus de 30 ans.

도시명인 Paris 앞에는 어떤 전치사를 넣었나요? 국명인 France 앞에는요? 그렇습니다. 도시명 앞에는 <à>가 놓입니다. 프랑스의 항구 도시 Le Havre, 이집트 수도 Le Caire 등, 몇몇 예외가 있지만 일반적으로 도시명은 관사가 없다는 것도 알아 두세요. 국명은 남성명사인 경우는 <à>, 여성명사인 경우는 관사가 빠지고 <en>이 놓입니다.

Le Japon -> **à** le Japon -> **au** Japon
Les Etats-Unis -> **à** les Etats-Unis -> **aux** Etats-Unis
La Chine -> **en** Chine

장소 전치사 <sur>와 <dans>의 사용에 주의하세요. 각각을 <위에>, <안에>로만 이해해서는 안됩니다. <sur>는 표면뿐만 아니라 사방이 탁 트인 느낌을 주는 공간에 사람, 또는 사물이 위치했을 때 사용합니다. 위 텍스트에서 <avenue>는 시가지의 폭이 매우 넓은 도로를 가리킵니다. 앞뒤는 물론 영쪽이 트인 느낌을 주죠. 그래서 <**sur** l'avenue des Champs-Elysées>, <**sur** les deux côtés de cette avenue>가 됩니다. 반면 그 보다 폭이 좁은 도로인 <rue>를 걷다보면 양쪽에 늘어선 건물들로 인해 공간 안에 들어 있다는 느낌을 받게 되죠. 따라서 <**dans** une rue>가 됩니다. 도시와 도시를 잇는 도로 <route>, 또는 고속도로를 가리키는 <autoroute> 앞에는 <sur>를 놓아야 할까요 <dans>을 놓아야 할까요? 네, <sur>

입니다. 늘어선 건물 사이를 지나는 국도나 고속도로는 없죠. 다음 예문을 보세요.

Un accident s'est produit **sur** la route nationale 7.
Il y a un terrible bouchon **sur** l'autoroute Paris-Lyon.

이번 강의에서는 때와 장소에 관한 표현들을 공부했습니다. 서술문 시작에 꼭 필요한 요소들이죠. 그럼 아래 어휘들을 사용해 서술문의 도입 부분, 즉, 최초 상황을 일인칭, 또는 삼인칭으로 서술해 보세요.

lundi – soir – métro – peu de monde

작문하셨나요? 쓴 글이 너무 짧아 초라하다고요? 다음 시간에는 그런 글에 살을 붙이는 방법을 공부하겠습니다.

제4강
상황보어

lundi – soir – métro – peu de monde

전 시간 최초 상황을 서술하기 위해 제시했던 어휘들입니다. 일인칭으로 서술해 보죠.

Lundi soir, j'ai pris le métro. Il y avait peu de monde.

<월요일 lundi> 앞에 관사가 없군요. 화자가 말하는 시점에서 가장 가까운 월요일을 가리킵니다. 과거형 서술임으로 <지난 월요일>이 되겠군요. 제3강에서 예로 들었던 <Je vais à l'église dimanche>는 의미상 미래형 서술입니다. 따라서 이 문장에서 가리키는 일요일은 발화 시점에서 미래 방향으로 가장 가까운 <오는 일요일>입니다.

좀더 면밀한 서술을 위해 <지난 월요일 저녁>을 부연하는 말을 넣어 볼까요.

Lundi soir, **après le travail**

<퇴근 후 après le travail>란 말이 들어가면서 서술이 한층 자세해졌습니다. <지하철을 탔다 J'ai pris le métro>와 <지하철 안에는 사람들이 많지 않았다 Il y avait peu de monde>도 그렇게 만들어 보세요.

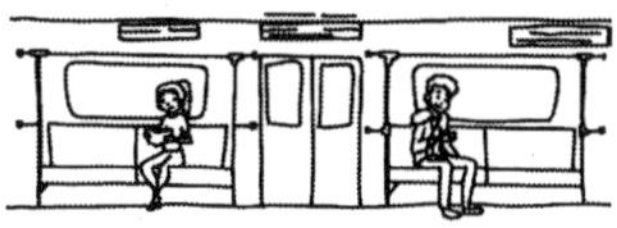

왜 지하철을 탔을까요? 퇴근 후 <집으로 돌아가기 위해>? <친구를 만나러 가기 위해>?

J'ai pris le métro **pour rentrer à la maison**.
J'ai pris le métro **pour aller au rendez-vous avec un ami**.

<지하철에는 사람들이 많지 않았다>는 어떻게 부연할 수 있을까요? 퇴근 후면 러쉬아워입니다. 따라서 <예외적으로 exceptionnellement> 한산했던 셈이죠. 또는 평소에 비해, 즉, <비교적 relativement> 한산했다라고 말할 수도 있겠군요.

Il y avait **exceptionnellement** peu de monde.
Il y avait **relativement** peu de monde.

부연하는 말이 들어가 보다 면밀해진 최초 상황 서술을 읽어 봅시다.

Lundi soir, après le travail, j'ai pris le métro pour rentrer à la maison. Il y avait exceptionnellement peu de monde.

처음 서술과 비교해 글이 제법 길어지고 살이 붙었습니다. 그렇게 만드는 말들, <après le travail>, <pour rentrer à la maison>, <exceptionnellement> 등을 <상황보어 complément circonstantiel>라고 합니다. 살집이 풍성한 글을 쓰기 위해 꼭 필요한 요소지요.

<상황보어>와 <보어 complément>를 혼동해서는 안됩니다. 한 예로 <Demain, j'irai au cinéma>란 서술에서 <demain>은 없어도 문장 구성에 문제가 없는 상황보어입니다. 반면 <au cinéma>는 <aller> 동사의 미래형 <irai>의 보어, 정확히는 <간접목적보어 complément objet indirect>로 빠질 수 없습니다

앞서 강의에서 인용했던 텍스트를 다시 읽으며 상황보어를 찾아 보세요.

C'était un dimanche après-midi à New-York. Nous nous preomenions sur le pont de Brooklyn avec des amis qui étaient venus nous rendre visite. Nous admirions la vue et échangions nos impressions sur les gratte-ciel qui nous entouraient. Soudain ma fille m'a tiré par la main. Elle insistait pour me montrer quelque chose. Nous nous sommes retournés et nous avons vu une femme simplement vêtue d'un maillot de bain qui marchait très lentement comme si elle était à la plage.

찾으셨나요? 네, <avec des amis>, <soudain>, <simplement>, <très lentement>, <comme si elle était à la plage> 등이 상황보어입니다.

상황보어에는 그 기능에 따라 여러 종류가 있습니다. 아래 예문들에서 굵게 표시한 말들은 상황보어입니다. 괄호 안에는 각각의 기능을 명시해 놓았습니다. 같은 기능을 가진 다른 상황보어로 대체해 보세요.

Demain, j'irai au cinéma. (시간)
Il a perdu son portefeuille **dans le métro**. (장소)
Il tousse **bruyamment**. (방식)
Elle voyage **en avion**. (수단)
Il travaille **pour s'enrichir**. (목적)
Il viendra **avec sa femme**. (동반)
Il s'est sacrifié **par amour**. (원인)
Il a réussi **pour notre plus grande joie**. (결과)

Si tu veux, je viendrai te voir. (조건)

Elle a réussi **malgré son jeune âge**. (양보)

Il vit **comme un ours**. (비유)

시간적 부연 설명인 <내일 demain>은 <모레 après-demain>, 또는 어느 한 요일로 대체할 수 있겠죠. <지하철에서 dans le métro>는 어떤 말로 바꾸셨나요? <버스 안에서 dans le bus>? <길에서 dans la rue>?

세 번째 예문에서 <bruyamment>은 <소음 le bruit>에서 파생된 부사로 <시끄럽게>, 또는 <요란하게>란 뜻이죠. 감기가 심해 <끊임없이 기침을 하다 Il tousse **sans cesse**>라고 말할 수도 있겠죠. 네 번째 예문은 <비행기로 여행하다 voyager en avion>, 즉, 이동수단을 설명하는 상황보어가 들어갔습니다. 읽어보셨는지 모르겠지만 『에밀 Emile』이란 책에서 루소는 도보 여행을 예찬했습니다. <걸어서 여행하다>를 프랑스어로 말해 보세요. 네, <voyager **à pied**>입니다. 도보 여행 못지않게 <자전거 여행 le voyage **à vélo**>도 재미있습니다.

같은 탈것인데 왜 비행기 앞에는 전치사 <en>이 놓이고 자전거 앞에는 <à>가 왔냐고요? 비행기 뿐만 아니라 버스, 지하철, 기차 등은 사방을 둘러막은 공간에 이용자를 실어나릅니다. 전치가 <en>은 그런 탈것 앞에 놓입니다. 반면 자전거, 오토바이처럼 걸터타는 이동 수단 앞에는 <à>를 씁니다. 걸어서 이동할 때 발이 일종의 탈것이라 생각하면 <à pied>가 되는 이유를 추리할 수 있겠죠.

그 다음 예문은 <부자가 되기 위해 일을 한다 Il travaille pour s'enrichir>죠 어떤 일을 하는지는 모르겠지만 꿈도 야무지군요. 요즈음 세상에서 근로소득으로 부를 쌓기는 쉽지 않으니 말입니다. 일반적으로 사람들은 <먹고살기 위해 pour gagner sa vie> 일하죠. 한편, 과거 가부장적 사회에서 외벌이로 식구들의 생계를 책임지던 남성 가장들은 <가족을 먹여 살리기 위해 pour nourrir la famille> 일한다고 말하며 은근히 자랑스러워 했습니다. 맞벌이 부부가 늘고, 또한 일인 가구가 증가하면서 점점 듣기 어려워진 말입니다.

여섯 번째 예문에서 동반 상황보어 <부인과 함께 avec sa femme>는 <avec son enfant>, <avec sa mère> 등으로 쉽게 바꿀 수 있겠죠. 그 다음 예문에서 <사랑 때문에 par amour>는 어떤 말로 바꾸셨나요? 글쎄요, 무엇으로 인해 자신을 희생할 수 있을까요. <우정 때문에 par amitié>? <애국심으로 인해 par patriotisme>? 맹자의 말씀처럼 <측은지심>이 정말로 모든 인간이 타고나는 것이라면 <동정심에 par pitié> 자신을 희생할 수도 있겠죠.

여덟 번째 예문에서 전치사 <pour>는 목적이 아닌 결과를 이끄는 말입니다. 즉, <우리를 기쁘게 하기 위해 성공했다>가 아니라 <그가 성공해서 우리는 크게 기뻐했다>로 이해해야 합니다. 하지만 남의 성공을 보면 부럽거나 더 나아가 질투가 나기도 합니다. 그렇다면 예문을 이렇게 바꿀 수도 있겠군요. <Il a r**é**ussi **pour nous rendre jaloux**>.

그 다음 예문에서 <원한다면 si tu veux> 대신 어떤 조건을 제시했나요? <시간이 나면 만나러 오겠다 **Si j'ai le temps**, je viendrai te voir.> 라고 쓰신 분이 계신가요?

이어지는 예문은 <젊은 나이임에도 불구하고 malgré son jeune âge> 사회적으로 성공한 여자를 언급하고 있군요. 같은 뜻을 <malgré> 대신 절을 이끄는 <bien que>를 사용해 표현해볼까요. <Elle a réussi, bien qu'elle soit jeune>가 되겠죠. 보시다시피 <bien que> 다음의 동사는 접속법 subjonctif 형태입니다. 이 강좌는 글쓰기 강좌니 접속법에 대한 설명은 문법책을 참고하셔야겠군요. <Elle a réussi malgré son jeune âge>와 <Elle a réussi, bien qu'elle soit jeune>는 같은 의미지만 전자가 훨씬 세련된 문장입니다. 주어 <elle>이 되풀이되는 것을 피했기 때문이죠.

마지막 예문 <Il vit comme un ours>는 직역하면 <곰처럼 살다>입니다. 어떤 사람을 가리켜 그렇게 말할까요? 한국 문화에서 곰은 미련한 사람의 대명사입니다. 즉, 터무니없이 고집이 세고 융통성이 없는 사람을 <곰 같다>라고 하죠. 그런 사람이 타인과 잘 어울릴 수 있을까요? 사실 관용구인 <vivre comme un ours>는 혼자 있기를 좋하하는 사람, 비사교적인 사람을 곰에 빗댄 말입니다. 프랑스인과 한국인의 연상 작용이 일맥상통하는 것을 보여주는 표현이라 할 수 있습니다. 같은 의미의 관용구로는 <vivre comme un moine>이 있습니다. 직역하면 <수도승처럼 살다>지요. 하긴 세상을 등지고 수행하는 사람 역시 세속인들의 눈에는 곰처럼 미련해 보일 수도 있겠죠.

연습문제입니다. 아래 텍스트 괄호 안에 명시된 기능에 맞게 제시된 상황보어를 빈칸에 넣어 보세요.

l'après-midi – avec lui – en voiture – souvent – malgré la fatigue – immédiatement – pour améliorer le revenu du ménage – alors que – par nécessité – entièrement

Cette salariée ne travaille pas toute la journée, mais seulement .... (시간). Elle ne travaille pas par plaisir, mais .... (원인). En fait, elle aurait bien aimé se consacrer .... (방식) à son enfant encore petit. Mais son mari ne gagne pas assez ; elle avait besoin de trouver un travail à mi-temps .... (목적).

Elle vient au bureau .... (수단) et, libérée de son travail, se dirige .... (방식) vers la garderie où elle a confé son fils. Elle rentre à la maison ...... (동반). Et .... (양보), elle se met aux travaux domestiques : faire le ménage et préparer le dîner. Son mari l'aide-t-il ? Pas .... (빈도). Après le dîner par exemple, il regarde la télé, ... (대치) sa femme fait la vaisselle.

제4강을 마칩니다. 충분히 휴식을 취하세요. 시제를 다루게 될 다음 강의는 비교적 어렵고 연습문제도 제법 많습니다.

제5강
시제

서술문은 일어난 일을 이야기하는 글입니다. 따라서 동사의 시제는 주로 과거형입니다. 서술문 쓰기에서 가장 까다로운 것은 프랑스어 동사의 여러 과거형 가운데 <복합과거형 passé composé>과 <반과거형 imparfait>의 적절한 사용입니다. 먼저 간단한 예문을 통해 두 동사형의 의미상 차이점을 보죠.

Marie **a mangé** une pomme.
Marie **mangeait** une pomme.

두 문장 모두 <사과를 먹다 manger une pomme>란 사실을 과거시제로 진술하고 있습니다. 하지만 <먹다 manger>라는 동사가 복합과거형으로 쓰인 첫 번째 문장에서는 먹는 행위가 완료되었고, 같은 동사가 반과거형으로 쓰인 두 번째 문장에서는 동일한 행위가 진행 중이란 차이가 있습니다. 다시 말해 첫 번째 문장은 마리가 사과를 <먹은> 사실을 서술한 것이고, 두 번째 문장은 그녀가 사과를 <먹고 있었던> 사실을 서술한 것입니다. 그래서 프랑스어 문법서는 <반과거는 지속되는 행위, 상태 또는 양태를 묘사할 때 사용한다>고 설명하고 있습니다. 위에서 예로 든 두 번째 문장에서 마리는 <사과를 먹고 있는 상태>였던 것이죠. 위의 각 문장에 상황보어를 넣으면 복합과거형과 반과거형의 의미상 차이가 보다 분명해집니다.

Avant d'aller au travail, Marie a mangé une pomme.
Avant d'aller au travail, Marie mangeait une pomme.

첫 번째 문장은 <출근 전 마리는 사과 한 알을 먹었다>, 또는 <마리는 사과 한 알을 먹고 출근했다>로 번역될 수 있겠죠. 두 번째 문장은 <출근 전 마리는 사과를 먹고 있었다>로 번역됩니다. 즉, 첫 번째 문장에서 마리는 일하러 가기 위해 이미 집을 나섰고, 두 번째 문장에서는 아직 출근 전입니다.

이번에는 위의 두 번째 문장에 <매일 아침 tous les matins>이란 상황보어를 넣어 봅시다.

Tous les matins, Marie mangeait une pomme.

<매일 아침 마리는 사과를 먹고 있었다>? 뭔가 어색하죠. 네, 이 문장에서 반과거는 지속되는 행위 또는 상태가 아니라, 반복,

습관을 표현하기 위해 쓰였습니다. <매일 아침 마리는 사과 한 알을 먹곤 했다>로 번역될 수 있겠죠. 건강 또는 미용을 위한 습관이었을까요?

아래 예문에서 반과거로 쓰인 동사는 지속되는 행위, 상태나 양태, 습관 중 어느 것을 의미하고 있을까요?

Deux fois par semaine, il **allait à** la piscine.
Le jour de notre départ en vacances, il **faisait** très beau.
Elle **portait** une belle robe.
Alors que j'**attendais** Marie, sa petite soeur est arrivée.

첫 번째 문장은 일주일에 두 번, 정기적으로 수영장에 가는 행위, 즉, 습관을 말하고 있습니다. 두 번째 문장은 휴가를 떠나던 날 날씨가 어떠했는지, 즉, 상태를 묘사하고 있죠. 세 번째 문장은 예쁜 원피스를 입고 있던 모습, 즉, 양태 묘사입니다. 마지막 문장은 <마리를 기다리고 있는 데 그의 여동생이 왔다>로 번역될 수 있겠죠. <기다리다 attendre>란 동사가 반과거형으로 쓰인 것은 그 행위가 어느 시점부터 지속되고 있었기 때문입니다. 또는 <기

다리는 상태>였기 때문이라고도 할 수 있겠죠.

제1강 오리엔테이션 시간에 <l'été, les vacances, la mer> 등의 어휘를 연결해 만들었던 문장 기억나시나요?

L'été dernier, j'ai passé mes vacances au bord de la mer.

이렇게 말하는 화자는 물론 그 해변에 없습니다. <보내다 passer>란 동사가 복합과거형, 즉, 완료형으로 쓰였기 때문이죠. 같은 동사를 반과거형으로 쓰면 어떻게 될까요?

L'été dernier, je **passais** mes vacances au bord de la mer.

<지난 여름, 나는 바닷가에서 휴가를 보내고 있었다>로 번역되겠죠. 즉, 화자는 기억 속에서 휴가를 보낸 바닷가로 돌아가 그곳에 있는 것입니다. 동시에 독자를 상상 속에서 그곳으로 데리고 간 것이죠. 글을 읽는 사람에게 현장감을 주기 위해 그렇게 쓴 것입니다. 복합과거를 사용할 것인가 반과거를 사용할 것인가는 이렇게 문법을 넘어 화자의 의도가 담긴 선택이기

도 합니다. 앞서 들었던 예문 <Alors que j'attendais Marie, sa petite soeur est arrivée>를 이렇게 바꿔 봅시다.

Alors que j'attendais Marie, sa petite soeur **arrivait**.

문법적으로 틀린 문장일까요? 아닙니다. 이 문장에서 마리를 기다리고 있던 화자는 그의 여동생이 자신를 향해 걸어 오고 있는 모습을 묘사한 것입니다. <마리를 기다리고 있는 데 그의 여동생이 내게로 오고 있었다>로 번역될 수 있겠죠. <아니, 저게 누구야? 마리 여동생이잖아!>란 화자의 놀라움이 감지되는 문장입니다. 물론 모든 경우에 복합과거형, 또는 반과거형 사용이 둘 다 가능한 것은 아닙니다.

아래 글은 여러분이 여러 차례 읽었던 텍스트입니다. 시제에 주목해 다시 읽어 보세요. 가장 많이 쓰인 동사의 과거형은 무엇인가요? 그리고 그 과거형 사용 빈도수가 높은 것은 무엇을 말하고 있을까요?

C'était un dimanche après-midi à New-York. Nous nous preomenions sur le pont de Brooklyn avec des amis qui étaient venus nous rendre visite. Nous admirions la vue et échangions nos impressions sur les gratte-ciel qui nous entouraient. Soudain ma fille m'a tiré par la main. Elle insistait pour me montrer quelque chose. Nous nous sommes retournés et nous avons vu une femme simplement vêtue d'un maillot de bain qui marchait très lentement comme si elle était à la plage.

그렇죠. <C'**était**>, <Nous **nous promenions**>, <Nous **admirions**.>, <les gratte-ciel qui nous **entouraient**> 등, 반과거형이 가장 많이 쓰였습니다. 이들 반과거형 동사들은 각각 상태, 지속적 행위, 양태 등을 표현하고 있습니다. 그리고 이렇게 반과거형 사용 빈도수가 높은 것은 이 텍스트가 최초 상황 서술, 즉 묘사가 큰 비중을 차지하는 글이기 때문입니다.

한편, 복합과거형으로 쓰인 <ma fille m'**a saisi** par la main>, <Nous **nous sommes retournés**>, <nous **avons vu**> 등은 묘사된 상황에서 순간적으로 이루어진 행위, 또는 발생한 사실을 서술하고 있습니다. <내 팔을 잡았다 m'**a saisi** par le bras>, <몸을 돌렸다 Nous **nous sommes retournés**> 등은 과연 순간적으로 이루어지는 행위지만, <Nous avons vu>에서 <보다 voir>는 지속적 행위가 아니겠느냐고요? 아하, <voir>와 <regarder>의 차이를 모르시

는 것 같군요. 두 동사 모두 시각을 통한 인지 행위를 가리키지만 <voir>는 수동적이고 <regarder>는 능동적입니다. 우리말로 전자는 <보이다>, 후자는 <보다>로 자주 번역됩니다. 위 텍스트에서는 몸을 돌리자 수영복만 걸친 여자가 <보였다>, 즉, 그 순간 눈에 들어온 광경을 서술한 것이죠.

<TV를 시청하다>를 프랑스어로 옮길 때 사용해야 할 동사는 <voir>일까요 <regarder>일까요? 네, <Je **regarde** la télé>입니다. 그럼 <Je **vois** une télé>는 어떤 의미일까요? 어느 장소에 들어서자 텔레비전 수상기 한 대가 눈에 들어온 사실, 즉, <TV 한 대가 보인다>로 번역되어야 할 문장입니다. 청각을 통한 인지 행위를 가리키는 프랑스어의 두 동사 <entendre>와 <écouter> 역시 전자는 수동적, 후자는 능동적 행위라는 차이가 있습니다. 예를 들어 <J'entends de la musique>과 <J'écoute de la musique>은 각각 <음악 소리가 들린다>, <음악을 듣는다>란 의미입니다.

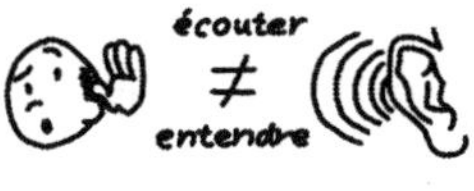

자, 연습문제 하나 풀어 볼까요. 아래 텍스트는 한 도시에서 발생한 화재 사건을 서술하고 있습니다. 괄호 안의 동사를 알맞은 과거형으로 써 보세요.

Un incendie volontaire (détruire) ……………… deux véhicules dans la nuit de samedi à dimanche à Liège. Le feu (être) ………………… mis dimanche vers 5 h à une voiture placée contre une façade, rue des Wallons à Liège. Le feu s'est communiqué à un second véhicule en stationnement le long du trottoir, puis à la façade de l'immeuble. Les pompiers (pouvoir) ……………………… éteindre les flammes, mais les véhicules (être) …………………… détruits. De la fumée ayant pu pénétrer dans l'habitation, les pompiers (devoir) ……………… défoncer la porte pour y entrer et la ventiler, car personne ne (répondre) …………… à leurs appels. Il (s'agir) ……………… en fait d'une maison composée de chambres d'étudiants, qui (être) ……………… absents ce week-end.

반과거형으로 써야 할 동사는 텍스트 뒷부분에 있는 <répondre>, <s'agir>, <être>입니다. 화재 현장에 출동한 소방관들이 유독 가스가 스며든 거주시설 앞에서 여러 차례 불렀지만 <대답하는 사람이 없자 personne ne **répondait**>, 즉, 반응이 없는 <상태>에서 결국 문을 부수고 들어가야 했습니다. 어떤 곳이었나요? <문제의 장소는 학생들 기숙시설이였다 Il **s'agissait** d'une habitation composée de chambres d'étudiants>는군요. 그리고 다행히 주말이어서 학생들은 모두 <출타 중이었다 **étaient** absents>, 즉, 부재 <상태>였다고 전하고 있습니다.

연습문제 하나 더 풀어 볼까요. 괄호 안의 동사를 시제에 맞게 변화시켜 보세요.

> Les services de secours de Tournai (intervenir) …………………… dimanche peu après 9 h le long du quai Taille-Pierres, à Tournai, où un homme (se jeter) ……………………… dans l'Escaut sous les yeux de plusieurs personnes. Un des témoins (se jeter) ……………………… à l'eau, mais n'a malheureusement pu ramener la victime le long de la berge. Un SMUR, deux ambulances, un bateau et une équipe de plongeurs (être) ………………… dépêchés sur les lieux. Les secouristes (réussir) ……………………… à repêcher le corps de la victime, qui (être) …………… décédée. Il (s'agir) …………………… d'un Tournaisien âgé d'une trentaine d'années. La police de la zone de Tournai (ouvrir) …………… une enquête. On (ignorer) ……………… pour l'instant les circonstances précises de ce drame.

저런, 한 남자가 레스코강에 투신했군요. 강물에 몸을 던진 행위 se jeter dans l'Escaut, 한 목격자가 그를 구하려고 물에 뛰어든 행위 se jeter à l'eau, 구조대의 개입 intervenir, 그리고 자살을 기도한 사람을 건져낸 행위 réussir à repêcher 등은 모두 완료형인 복합과거로 서술해야 합니다. 구조대가 건져낸 사람은 어떤 <상태>였나요? 불행히도 이미 <숨을 거둔 상태였다 **était** décédée>고 하는군요. 어떤 사람이었나요? <문제의 인물은 삼 십대의 투르네 거주 남자였다 Il **s'agissait** d'un Tournaisien âgé d'une trentaine d'années>고 밝히고 있군요. 왜 그런 일을 저질렀을까요? <지금으로서는 자세한 상황을 알 수 없다 On **ignore** pour l'instant les circonstances précises de ce drame>고 합니다. 현재 시점을 가리키는 상황보어 <지금으로서는 pour l'instant>이 명시되어 있음으로 <알 수 없다 ignorer> 동사는 현재형이 되어야 합니다.

보셨다시피 일어난 일들을 이야기하는 서술문에서 주를 이루는 동사의 시제는 복합과거, 반과거 등 과거형이지만 현재형이 배제되는 것은 아닙니다. 사실 대부분 서술문 속에는 이른바 <사건의 시간 temps d'événement>과 <서술의 시간 temps de narration>, 두 가지 시간이 존재합니다. <이야기 récit>는 이들 둘 사이를 오가는 일종의 <시간여행>인 셈이죠.

동사의 시제와 관련해 <설화적 현재 présent de narration> 또는 <역사적 현재 présent historique>란 말을 들어 보셨나요? 일어난 사건 서술에 생생한 느낌을 주기 위해 과거형이 아닌 현재시제를 사용하는 일종의 수사법입니다. 한 예를 보시죠.

Le 14 juillet 1789, le peuple de Paris en colère prend la Bastille.

<1789년 7월 14일, 성난 파리 시민들은 바스티유를 점령한다.> 진술의 내용은 과거 사실입니다. 하지만 글에 박진감을 주기 위해, 즉, 사건이 마치 독자의 눈 앞에서 벌어지고 있는 듯한 느낌을 주기 위해 <prendre> 동사를 현재형으로 쓴 것입니다.

<설화적 현재> 사용은 우리말 서술에서도 자주 볼 수 있습니다. 스포츠 중계를 예로 들죠. 축구경기를 중계하는 아나운서가 <손흥민 선수에게 패스합니다>라고 말할 때 이미 공은 패스된 상태입니다. 하지만 <패스했습니다> 대신 <패스합니다>하고 말하는 것은 실황 중계에 생동감을 주기 위해서입니다.

복합과거, 반과거 뿐만 아니라 대과거, 단순과거 등이 있는 프랑스어의 시제 사용은 매우 까다롭습니다. 그 사용법을 익히는 길은 자주 프랑스어로 글을 써 보는 것입니다. 다음 시간부터는 여러분이 읽었던 텍스트, 즉, 뉴욕 브루클린 다리에서 벌어진 사건을 서술한 글을 완성시켜 보겠습니다. 사건에 대한 화자 <나>를 비롯한 목격자들의 반응, 그 사건으로 인해 벌어진 또 다른 일, 그리고 어떻게 결말이 났는지 이야기해 보겠습니다.

제6강
시점과 서술

수영복만 걸친 채 걸어가는 한 여자를 본 사람들의 반응은 어땠을까요?

저 사람들은 충격을 받았군요. 형용사 <choqué>를 넣어 서술해 보세요.

저들은 재미있어 하는군요. 프랑스어로 이를 서술하는 데 필요한 말들 중 하나는 <amusé>일 것입니다.

저 사람들은 갈길이 바쁜 모양입니다. 무관심하군요. 그런 모습도 서술해 보세요. <무관심한>, 네, 프랑스어로 <indifférent>이죠.

스마트폰을 꺼내드는 사람들도 있습니다. 경찰을 부르려는 걸까요? 아니면 사진을 찍어 SNS에 올리려는 걸까요? 프랑스어로 서술해 보세요. <sortir le smartphone>, <appeler la police>, <prendre des photos>, <poster sur les réseaux sociaux> 등의 말들이 들어가야 할 것입니다.

지나가던 자동차들이 속도를 줄입니다. 기이한 광경을 좀 더 자세히 보려는 운전자들인 모양입니다. 그 모습을 서술해 보세요. <감속하다>, 프랑스어로 <ralentir>입니다.

저의 프랑스어 글쓰기 지도 경험에 비추어 여러분들이 썼음직한 문장들을 상상해 보겠습니다. 먼저 충격 받은 사람들 모습입니다.

Ils étaient choqués.

문법적으로는 틀리지 않았습니다. 문제는 서술의 정당성이죠. 여러분이 전개와 결말 부분을 써서 완성시켜 볼 텍스트는 일인칭 서술입니다. 시점은 화자 <나>의 눈을 통해 인지된 사실을 서술하는 이른바 <목격화자 축소 시점>이죠. 그와 대치되는 <작가 전지적 시점>이 아닌 글에서 화자가 어떻게 <그들은 충격을 받았다 Ils étaient choqués>라고 단언할 수 있을까요. <충격을 받은 표정이었다 Ils avaient l'air choqué>라고 해야 사실적입니다. <avoir l'air+형용사>, <어떠해 보이다>란 뜻이죠. 다른 반응인 <재미있어 하다>, <무관심하다> 등도 마찬가지입니다. <Ils avaient l'air amusé>, <Ils avaient l'air indifférent> 등으로 써야 합니다.

또 다른 반응인 스마트폰을 꺼내는 모습 서술에서 주의해야 할 것은 소유형용사 사용입니다. 경험에 비춰보면 여러분 중 상당수는 <Ils ont sorti le smartphone>이라고 썼을 겁니다. 하지만 그들이 꺼내든 것은 그 누구의 것도 아닌 <그들의>의 스마트폰입니다. 따라서 <Ils ont sorti **leur** smartphone>이라고 써야 합니다. <그들은 그들의 스마트폰을 꺼내들었다>? 우리말로는 오히려 어색하죠. 하지만 프랑스어 서술에서는 반드시 소유형용사가 들어가야 합니다. 사실 우리말에서는 소유격을 자주 생략합니다. 예를 들어 친구에게 근자에 구입한 자가용을 가리키며 <새로 산 차야>라고 말하지 <새로 산 내 차야>라고 자기 것임을 강조하지는 않습니다. 대화에서 내것네것을 철저히 구별하는 것이 <우리>를 중시하는 한국인의 전통적 정서에 맞지 않기 때문일까요? 어쨌든 <새로 산 차야>의 프랑스어 번역은 <C'est **ma** nouvelle voiture> 입니다.

스마트폰을 꺼내 취한 행동을 서술하셨나요?

Ils ont pris des photos pour les poster sur les réseaux sociaux.
Ils ont appelé la police.

첫 번째 문장에서 사진을 찍은 행위는 화자가 목격한 것임으로 <Ils ont pris des photos>는 아무런 문제가 없습니다. 하지만 그것이 SNS에 올리기 위한 것이었다고는 화자 <나>의 시점에서 단언할 수는 없죠. 짐작일 뿐입니다. 따라서 <아마도 peut-être>란 말이 들어가야겠죠.

Ils ont pris des photos, **peut-être** pour les poster sur les réseaux sociaux.

두 번째 문장도 서술의 정당성 차원에서 문제가 있습니다. 전화를 거는 모습만 보고 경찰을 부른다고 단언할 수 없기 때문이죠. <경찰을 부르는 모양이었다>라고 해야겠죠.

Ils **semblaient appeler** la police.

마지막 반응은 수영복만 걸친 여자를 좀 더 자세히 보기 위해 선지 속도를 줄이는 운전자들의 모습이었죠. <차들은 속도를 줄였다>, 우리말로는 이상할 게 없지만 그것을 <Les voitures ont ralenti>라고 쓰면 프랑스인들은 당장 <자동차가 어떻게 스스로 속도를 늦출 수 있느냐>고 반문할 것입니다. 사실 감속한 것은 운전자죠. 따라서 <Les conducteurs ont ralenti>라고 써야 합니다.

자, 여러 반응들을 단순히 나열해 보겠습니다.

Ils avaient l'air choqué. Ils avait l'air amusé. Ils avaient l'air indifférent. Ils ont sorti leur smartphone. Ils ont pris des photos, peut-être pour les poster sur les réseaux sociaux. Ils semblaient appeler la police. Les conducteurs ont ralenti.

각각의 문장에서 주격대명사 <Ils>이 가리키는 사람들은 동일 인물들이 아니죠. 충격을 받은 표정이면서 동시에 재미있어 하거나 무관심한 모습일 수는 없으니까요. 다양한 반응을 보인 사람들을 구별하기 위해 사용할 수 있는 말은 <어떤 사람들 certains> 입니다. 용례를 보기 위해 모처럼 식사를 함께 하기 위해 한 음식점에 모인 사람들을 상상해 봅시다. 그들 중 어떤 사람들은 스테이크를 주문했고, 다른 사람들은 생선 요리를 골랐습니다. 그리고 또 다른 몇몇은 파스타를 주문했습니다. 프랑스어로 써 볼까요.

Certains ont commandé un steak. **Certains autres** ont choisi un poisson. **Encore d’autres** ont commandé des pâtes.

자, 굵게 표시된 말들을 사용해 앞서 텍스트에서 각기 다른 반응을 보인 사람들을 구별해보세요.

네, 이렇게 되겠죠.

Certains avaient l’air choqué. Certains autres avaient l’air amusé. Encore d’autres avaient l’air indifférent.

주어는 구별했지만 또 다른 문제가 있군요. 그렇습니다. <avoir l’air>란 표현이 반복해 쓰여 좀 유치한 글이 되었죠. 어떻게 이 문제를 해결할 수 있을까요? 같은 사실을 다양하게 표현하는 능력이 필요한 부분입니다. 먼저 우리말로 표현을 달리 해보죠. <충격을 받은 **표정이었다**>, <재미있어 하는 것 **같았다**>, <무관심을 **표했다**>. 이번엔 프랑스어로 써 보죠.

Certains **avaient l'air** choqué. Certains autres **semblaient** être amusés. Encore d'autres **manifestaient** l'indifférence.

그 다음 문장 <Ils ont sorti leur smartphone>에서 주어 <Ils>은 앞서의 반응을 보인 사람들과 구별되는 또 다른 몇몇 사람들입니다. 지나가던 사람들 중 일부였으니 <어떤 행인들은 Certains passants>이라고 구별하면 무난하겠죠. 여기서 <certains>은 앞서와 달리 명사가 아닌 <행인들 passants>을 수식하는 형용사입니다.

Certains passants ont sorti leur smartphone.

이들이 취한 행동은 두 가지입니다. 즉, 사진을 찍거나 경찰에 신고하는 것으로 보이는 전화 통화를 했습니다. 두 부류의 사람들로 다시 구별해야겠죠. 이번에는 <certains passants>에 이어 <certains autres>라고 쓸 수 없습니다. 왜냐하면 그럴 경우 <certains autres>는 <certains passants>의 일부가 아닌 또 다른 사람들을 가리키게 되기 때문입니다. 스마트폰을 꺼내든 사람들 중 몇몇, 즉 <그들 중 몇몇 quelques uns d'entre eux>과 그 외 <다른 사람들 d'autres>로 나눌 수 있겠죠.

Certains passants ont sorti leur smartphone. **Quelques uns d'entre eux** ont pris des photos, peut-être pour les poster sur les réseaux sociaux. **D'autres** semblaient appeler la police.

마지막으로 서술한 차량이 속도를 늦추는 모습 역시 그 곳을 지나던 모든 운전자의 행동은 아니었을 것입니다. 그들 중 <몇몇> 이었겠죠.

Quelques conducteurs ont ralenti.

자, 다듬어진 텍스트를 읽어 봅시다.

Certains avaient l'air choqué. Certains autres semblaient être amusés. Encore d'autres manifestaient l'indifférence. Certains passants ont sorti leur smartphone. Quelques uns d'entre eux ont pris des photos, peut-être pour les poster sur les réseaux sociaux. D'autres semblaient appeler la police. Quelques conducteurs ont ralenti.

위 글을 좀 더 다듬어 볼까요. 이 서술은 세 가지 범주로 나뉩니다. 행인들의 태도 서술, 스마트폰을 꺼내드는 행위 서술, 그리고 이번에는 행인이 아닌 운전자들의 반응 서술입니다. 이 세 범주를 구별하는 동시에 이어주는 <연결어 connecteur>를 넣은 텍스트를 읽어 보세요.

Certains avaient l'air choqué. Certains autres semblaient être amusés. Encore d'autres manifestaient l'indifférence.

Aussi, certains passants ont sorti leur smartphone. Quelques uns d'entre eux ont pris des photos, peut-être pour les poster sur les réseaux sociaux. D'autres semblaient appeler la police. **Quant à** quelques conducteurs, ils ont ralenti.

굵은 글씨로 된 <aussi>와 <quant à>가 연결어입니다. 전자는 <또한>이란 의미고 후자는 <~으로 말하자면>이란 뜻으로 쓰였습니다. 두 연결어의 다른 용례를 볼까요.

Dans le jardin public, il y avait beaucoup de gens sortis en famille. **Aussi**, certains se promenaient seuls.

Dans le jardin public, il y avait beaucoup de gens sortis en famille. **Quant à** moi, je me promenais seul.

이렇게 연결어를 사용하면 글의 마디마디가 분명해지고 앞뒤 문장의 상관관계가 뚜렸해집니다.

다듬은 텍스트에 살집을 더 붙일 수도 있습니다. 앞서 배웠던 상황보어를 넣는 것이죠. 예를 들어 충격을 받은 사람들은 어느

정도 놀란 표정이었을까요? 관찰자의 판단에 따라 정도를 나타내는 여러 종류의 상황보어가 쓰일 수 있겠죠.

Certains avaient l'air **très** choqué.
Certains avaient l'air **tout à fait** choqué.
Certains avaient l'air **un peu** choqué.

그런 그들과 대조적으로 재미있어 하는 표정의 사람들을 <반면에>란 상황보어로 대치시킬 수도 있겠죠.

Par contre, certains autres semblaient être amusés.

또 다른 사람들은 <그저> 무관심할 뿐이었다고 말해 그들의 태도를 강조할 수도 있겠죠.

Encore d'autres manifestaient **tout simplement** l'indifférence.

사진을 찍은 행인들은 희귀한 장면을 놓칠세라 <즉시> 스마트폰을 꺼내들었겠죠. 지체없이 경찰에 알려야겠다고 생각한 사람들도 마찬가지였을 것입니다.

Certains passants ont **tout de suite** sorti leur smartphone.

속도를 늦춘 운전자들 서술에 사용할 수 있는 상황보어는 짐작되는 감속의 이유겠죠.

Quant à quelques conducteurs, ils ont ralenti, peut-être **pour mieux regarder** la femme en maillot de bain.

이번 강의에서 함께 써 본 글의 <최종 버전>을 읽어 볼까요.

Certains avaient l'air très choqué. Par contre, certains autres semblaient être amusés. Encore d'autres manifestaient tout simplement l'indifférence. Aussi, certains passants ont tout de suite sorti leur smartphone. Quelques uns d'entre eux ont pris des photos, peut-être pour les poster sur les réseaux sociaux. D'autres semblaient appeler la police. Quant à quelques conducteurs, ils ont ralenti, peut-être pour mieux regarder la femme en maillot de bain.

어떻습니까. 처음과 비교해 제법 짜임새 있고 상세한 묘사의 글이 되었죠?

브루클린 다리 위, 수영복만 걸친 한 여자의 출현으로 인해 또 어떤 일이 벌어졌을까요? 그리고 사건은 어떻게 결말이 났을까요? 상상력을 발휘해 서술도식의 4단계와 5단계에 해당하는 부분을 써 보세요. 다음 시간에는 학교 강의에서 같은 과제를 수행했던 학생들의 글을 소개하겠습니다. 여러분이 쓴 글과 비교해 보세요.

제7강
남들은 어떻게 썼을까

브루클린 다리 위에서 일어난 이야기를 마무리 짓기 위해 어떤 상상을 했나요? 몽상과 달리 상상은 이성의 법칙을 따라야 합니다. 그래야 비록 허구지만 그럴듯하죠. 소설가는 상상력이 풍부한 사람이지 몽상가는 결코 아닙니다.

이성의 법칙 중 하나는 인과율입니다. 수영복 차림의 여자를 본 사람들이 취한 행동은 어떤 결과를 낳았을까요? 그녀가 그런 차림으로 공공장소를 활보한 까닭은 무엇이었을까요? 인지된 사실의 결과 또는 원인을 상상해 쓴 학생들의 글을 함께 보겠습니다. 굵게 표시한 말들은 수정이 필요한 부분입니다.

> **Après quelques minutes**, deux policiers sont arrivés. Ils se sont approchés de la femme en maillot de bain et ont discuté avec elle. Ils l'ont fait monter dans leur voiture et l'ont **emmenée au commissariat de police**. Le pont de Brooklyn est **devenu** tranquille.

이 글을 쓴 학생의 상상의 발단은 어디론가 전화를 거는 사람들 모습이었겠죠. 짐작한 대로 경찰을 불렀다고 상상했습니다. 이어 신고를 받고 출동한 경찰이 취한 행동을 상상했군요. <그녀와 이야기를 나누었다 〔Ils〕 ont discuté avec elle>와 <경찰차에 태웠다 Ils l'ont fait monter dans leur voiture>를 잇는 연결어가 필요해 보이는군요. <이어 puis> 또는 <결국 finalement>을 넣어 두 문장을 이어 볼까요.

〔Ils〕 ont discuté avec elle. **Puis** ils l'ont fait monter dans leur voiture.
〔Ils〕 ont discuté avec elle. Ils l'ont **finalement** fait monter dans leur voiture.

굵게 표시한 잘못된 표현들을 고쳐 보겠습니다.

Après quelques minutes : <몇 분 후>란 의미로 쓴 것이겠죠. 정확한 표현은 <quelques minutes après> 입니다. 여기서 <après>는 전치사가 아닌 시간의 경과를 나타내는 부사로 <plus tard>와 같은 말입니다. <Après>가 전치사로 쓰인 경우와 부사로 쓰인 경우인 아래 두 문장을 비교해 보세요.

Passez dans mon bureau **après 2 heures**.
Passez dans mon bureau **2 heures après**.

첫 번째 문장은 <두 시 이후에 사무실에 들리라>는 뜻입니다. 두 번째 문장은 <두 시간 후에 사무실에 들리라>는 의미고요.

〔Ils〕**l'ont emmenée au commissariat de police** : <경찰서로 데리고 갔다>고 단언할 수 있을까요? 소란을 빚었지만 범죄인으로 볼 수는 없는 여자를 경찰차에 태워 집에 데려다주었을 수도 있죠. 이른바 <목격화자 축소 시점>인 이 글에서 글쓴이는 경찰차가 사건 현장을 떠난 사실만을 서술할 수 있습니다. 따라서 <Ils l'ont fait monter dans leur voiture et **ont quitté les lieux**>와 같은 말이 적절합니다.

Le pont de Brooklyn est **devenu** tranquille : 사건 종결 후 브루클린 다리는 <평온해졌다>? 정확히는 <평온을 되찾았다>, 즉, <다시 평온해졌다>겠지죠. <devenu>를 <redevenu>로 바꿔야 합니다.

다른 한 학생의 글을 보죠, 이 학생은 수영복 차림의 여자를 사진에 담은 행동의 결과를 상상했습니다.

Ma fille a pris une photo d'elle et l'a postée sur Instagram. La femme en amillot de bain semblait avoir entendu le clic et a regardé ma fille. **Mais** elle continuait à marcher comme si elle était indifférente. Nous avons trouvé **la situation amusante**.

Par la suite, la photo de ma fille est devenue célèbre. Beaucoup de gens se sont intéressés à **cette femmes en maillot de bain**. Grâce à cela, elle a fait ses débuts **en tant qu'actrice célèbre** et **a remporté un grand succès dans son premier film.**

화자의 딸이 촬영해 인스타그램에 올린 사진이 유명해져 그 덕분에 여자는 영화배우로 데뷔했다는 상상입니다. 있을 수 있는 일이죠. 하지만 이것은 브루클린 다리에서 일어난 일의 결말이 아니라 훗날 이야기, 일종의 에필로그입니다. 즉, 독립된 또 다른 이야기입니다.

굵게 표시된 부분이 왜 문제가 되는지 보겠습니다.

Mais : 자주 쓰이는 접속사 <mais>는 우리말의 <그러나>에 상응하는 말입니다. 그것과 비슷한 말로는 <cependant>이 있습니다. 두 말의 차이는 무엇이고 위 글에서는 왜 <mais>보다 <cependant>이 적절한지 보겠습니다.

<앞의 내용과 뒤의 내용이 상반될 때 쓰는 접속 부사>로 국어 사전에 정의된 <그러나>의 용례를 보면 <불구하고>란 의미가 담겨있는 경우와 그렇치 않은 경우가 있습니다. 예를 들어 보죠.

예문) 그는 프랑스에 십 년을 살았다. 그러나 프랑스어는 한마디도 못 한다.

즉, <프랑스에 십 년을 거주했음에도 **불구하고** 그 나라 말은 한마디도 못한다.>는 의미죠. 이 경우 <그러나>의 등가어는 <cependant>입니다.

Il a vécu dix ans en France. **Cependant**, il ne parle pas un mot de français.

<그러나> 사용의 다른 예를 보시죠.

예문) 그는 영어를 잘한다. 그러나 프랑스어는 한마디도 못 한다.

이 예문의 경우 두 문장을 잇는 <그러나> 속에는 <불구하고>란 의미가 없습니다. 영어를 유창하게 구사한다고 프랑스어를 하라는 법은 없으니까요. 이 경우 <그러나>의 등가어는 <mais> 입니다.

Il parle bien anglais. **Mais** il ne parle pas un mot de français.

<Maus>와 <cependant>의 차이를 아셨죠. 학생이 쓴 글로 돌아가 <mais>로 이어진 두 문장의 상관관계를 살펴보면 보다 절적한 접속사는 <cependant>입니다. 화자의 딸이 사진을 찍는 순간 셔터 소리를 들었는지 아이를 바라보았음에도 <불구하고> 수영복을 입은 여자는 아무런 반응을 보이지 않았으니까요.

la situation amusante : 사진을 찍는 행동에 아랑곳하지 않고 걸어가는 여자의 모습을 <상황 situation>이라고 할 수 있을까요? 그리고 그 모습이 <재미있었다 amusante>라고 말할 수 있을까요? <그런 그녀가 이상해 보였다 Nous l'avons trouvée drôle>가 적절한 표현이겠죠.

Cette femme en maillot de bain : 인스타그램을 통해 많은 사람들이 관심을 갖게된 인물은 수영복을 걸친 부르클린 다리 위의 여자라기 보다는 <사진 속의 여자 la femme sur la photo>라고 해야 정확합니다.

Elle a fait ses débuts **en tant qu'actrice célèbre** : <En tant que>는 <~의 자격으로>란 뜻입니다. <유명 배우로 en tant qu'actrice célèbre>, 즉 <이미 유명 배우가 된 상태에서> 영화에 데뷔하는 연

기자는 있을 수 없습니다. 연기력이 뛰어나거나 운이 좋으면 데뷔 후 유명해지는 것이죠. <덕분에 영화에 데뷔했다 Grâce à cela, elle a fait ses débuts dans le cinéma>로 바꿔야겠습니다. 보시다시피 <일정 활동 분야에 처음으로 등장하다>란 뜻의 <데뷔>는 프랑스어입니다. 프랑스어로 쓸 때는 <faire **ses débuts** dans le monde politique>, <faire **ses débuts** littéraires> 등으로 <début>가 복수로 쓰이는 것에 유의하세요.

[Elle] **a remporté un grand succès dans son premier film** : 이렇게 쓰면 <영화 속에서 큰 성공을 거주었다>란 의미가 됩니다. 큰 성공을 거둔 것은 여자가 첫 출연한 영화겠죠. 더불어 그녀도 스타가 되었을 테고요. 흥행에 실패한 영화에 출연한 배우가 <나 홀로 성공>을 거두는 경우는 상상하기 힘들죠. <그녀의 데뷔작은 큰 성공을 거두었다 Son premier film a rencontré un grand succès>가 적절한 표현입니다.

이번에는 한 여자가 수영복만 걸친 채 부르클린 다리를 걷게된 까닭을 상상한 학생들의 글을 보겠습니다.

Ma fille s'est approchée de cette femme et lui a demandé : « Ca va ? » Mais elle **n'a pas repondu**. Elle est passée devant ma fille comme si elle ne l'avait pas **vue**. Au moment où ma fille lui **a demandé** encore une fois, un homme **vêtu comme** un médecin accouriait **à partir de la fin** du pont. Dès qu'il est arrivé près d'elle, il l'a couverte **avec** un manteau et l'a emmenée quelque part. Aussitôt, le pont Brooklyn est redevenu normal.

이 글을 쓴 학생은 여자의 기이한 행동이 그녀의 정신질환과 관계 있다는 상상을 했군요. 그리고 의사로 보이는 한 남자가 달려와 그녀를 어디론가 데리고 갔다는 상상으로 글을 끝맺었습니다. 굵게 표시된 부분의 문제점을 보겠습니다.

Mais elle **n'a pas répondu** : 동사 <répondre>를 복합과거로 써야할 지 또는 반과거로 써야할 지 하는 문제입니다. 어떤 차이가 있을까요? 복합과거로 쓰면 <괜찮으냐>는 질문에 답이 없었던 <사실> 서술입니다. 반과거로 쓰면 대답을 기다렸지만 여자가 묵묵부답이었던 <상태> 서술이고요. 위 글에서는 같은 질문을 재차 한 것으로 미루어 후자의 경우입니다. 따라서 <Mais elle ne **répondait** pas>로 써야합니다. 까다롭죠? 다음 두 예문을 비교해 보세요.

Je lui ai écrit. Mais elle ne m'a pas répondu.
Je lui ai écrit. Mais elle ne me répondait pas.

첫 번째 문장은 편지를 보냈지만 답신을 받지 못 한 <사실> 서술입니다. 완료형으로 서술시점은 현재입니다. 반면 두 번째 문장은 기다리는 답신을 받지 못 하고 있던 <상태> 서술입니다. 서술시점은 과거입니다. 잘 이해가 되지 않으면 시제를 다룬 제5강을 다시 읽어보세요.

[C]omme si elle ne l'avait pas **vue** : 서술상 화자의 딸과 수영복 차림의 여자를 잇는 매개체는 <괜찮으냐>는 질문임으로 <그녀를 보지 못 한 듯>보다는 <그녀가 하는 말을 듣지 못 한 듯 comme si elle ne l'avait pas **entendue**>가 합당한 표현입니다.

[M]a fille lui **a demandé** encore une fois : <괜찮으냐>는 물음에 답이 없자 같은 질문을 되풀이한 사실 서술입니다. 하지만 그렇게 이해되기 위해서는 <demander>의 목적어, 즉, 질문의 내용이 명시되어야 합니다. 글쓴이가 앞서 사용한 직접화법을 다시 사용할 수도 있고 질문을 간접화법으로 바꿀 수도 있습니다.

Ma fille lui a demandé encore une fois : « Ca va ? »
Ma fille lui a demandé encore une fois si elle allait bien.

Un homme **vêtu comme** un médecin : 직역하면 <의사처럼 옷을 입은 남자>입니다. 즉, <의사는 아니지만 의료인 복장을 했다>는 의미죠. 이 글을 쓴 학생이 하고 싶었던 말은 <의사로 보이는 남자 un homme **semblant être** un médecin>가 아닐까요?

[Il] accouriait **à partir de la fin** du pont : 시간, 공간의 시작점을 가리키는 말에는 <à partir de>와 <depuis>가 있습니다. 비슷한 말이지만 우리말로 구별하면 전자는 <~부터>, 후자는 <~(으)로부터>의 의미입니다. 학생이 쓴 글에서 동사 <accourir>는 <달리다 courir>에서 파생된 말로 <달려오다>란 뜻입니다. <다리 끝부터 달려오다>? <다리 끝으로부터 달려오다>가 맞겠죠. 위 문장에서는 <à partir de>가 아닌 <depuis>가 쓰여야 합니다. 아래 두 예문을 보세요.

Il a commencé à courir **à partir du** carrefour.
교차로에 이르러 그곳부터 뛰기 시작했다

Il accourait **depuis** le carrefour.
교차로로부터 달려왔다.

의사로 보이는 남자는 <다리 끝으로부터> 달려왔습니다. 학생은 <다리 끝>을 <la fin du pont>이라고 썼지만 이는 <다리가 **끝나는 곳**>이란 의미입니다. 멈추는 지점을 가리키는 <la fin>과 사물의 끝부분, 또는 길이로 인식된 공간의 끝부분을 가리키는 <le bout>를 혼동했습니다. <연필 끝>은 <연필이 끝나는 지점>인가요? 아니죠. 따라서 <le bout du crayon>이라고 해야 합니다. 그 연필로 쓴 글이 끝나는 지점, 즉, <이야기가 멈추는 곳>은 <la fin du récit>가 되겠죠. 다른 예를 들자면 <la fin du monde>는 <세상의 종말>이란 뜻이고 <le bout du monde>는 아주 먼 곳의 은유로 <세상 끝>이란 의미입니다. 학생이 쓴 문장을 바로잡으면 <[Il] accourait depuis le bout du pont>이 되겠습니다.

Il l'a couverte **avec** un manteau : <~(으)로 덮다>, 또는 <~(으)로 덮히다>에서 덮은 것을 이끄는 전치사는 <avec>가 아니고 <de>입니다. 따라서 <Il l'a couverte d'un manteau>라고 써야 합니다. 학생은 <외투를 **가지고** 그녀를 덮어주었다>라고 한국어로 생각한 모양이지만 이는 우리말로도 어색한 표현입니다. <외투**로** 그녀를 덮어주었다>가 정확한 표현이죠.

왜 그녀는 수영복만 걸친 채 부르클린 다리 위를 걷고 있었을까? 그 이유를 상상한 다른 학생의 글을 보겠습니다.

> **En regardant** les gens sur le pont, j'ai vu un panneau **qui annonce qu'il y a** une performance artistique. Oh là là, **c'était** une artiste célèbre. Après avoir **reconnu qui elle était**, je la regardais jouer, et non les gens sur le pont.

아하, 이 글을 쓴 학생의 상상에 의하면 여자는 유명 예술인으로 부르클린 다리에서 퍼포먼스 중이었군요. 이 퍼포먼스는 팻말을 통해 이미 공지가 되었지만 화자는 뒤늦게 그 팻말을 본 것이죠. 상상은 흠잡을 데 없지만 글은 몇 군데 손볼 곳이 있군요.

En regardant les gens sur le pont : 전치사 <en> 다음에 동사 <바라보다 regarder>의 현재분사형 <regardant>이 놓인 이른바 <제롱디프 gérondif>의 형태입니다. 이런 형태의 문장은 다른 문장과 상황보어의 기능으로 연결됩니다. 예를 들어 보죠.

En étant fatigué, je me suis couché tôt.
피곤해서 일찍 잠자리에 들었다.

En regardant la télé, je dïnais.
TV를 보며 저녁 식사를 하고 있었다.

첫 번째 예문에서 제롱디프 형태의 술어는 일찍 잠자리에 든 이유를 설명하는 상황보어의 기능으로 쓰였습니다. 두 번째 예문에서는 앞 문장의 제롱디프가 일종의 동반 보어 기능으로 뒷 문장을 꾸며주고 있습니다. 다시 말해 TV를 보는 행위가 식사 행위를 동반한 것이죠 이런 표현의 경우 흔히 두 행위의 <동시성>을 나타낸다는 문법적 설명을 하지만 재롱디프는 진술의 주가 되는 술어가 아니라는 점에 유의해야 합니다. 무슨 의미냐고요? 예를 들죠. <Même en lisant la Bible, il fume>란 문장에서 주가 되는 동사는 <fumer>입니다. 즉, 골초인 그는 <성경을 읽으면서도 담배를 피운다>고 그의 악습관을 비난하는 말입니다. 반면, 이번에는 <fumer>를 제롱디프 형태로 써 <Même en fumant, il lit la Bible>이라고 하면 주가 되는 동사는 <lire>로 담배를 피울 때도 성경책을 손에서 놓지 않는 그의 열성을 칭찬하는 말입니다.

위 글을 쓴 학생이 제롱디프를 사용한 것은 다리 위의 사람들을 바라보는 행위와 팻말을 발견한 행위가 동시에 이루어졌다고 생각했기 때문인 것 같습니다. 하지만 엄밀히 말해 두 행위는 동시에 이루어질 수 없습니다. 팻말이 눈에 들어오는 순간 화자의 시선은 다리 위 사람들을 떠났을테니까요. 글쓴이가 하려고 했던 말은 <다리 위 사람들을 바라보는 중이었는 데 팻말이 보였다>일 것입니다. <~하는 중이었는 데>, <alors que>입니다. <Alors que je regardais les gens sur le pont, j'ai vu un panneau>가 되겠죠.

〔J]'ai vu un panneau **qui annonce qu'il y a** une performance artistique : <팻말 un panneau>을 목적어로 하는 동사 <voir>가 과거

형임으로 선행사 <un panneau>를 주어로 갖는 동사 <annoncer>도 과거형이 되어야 합니다. <시제 일치>라고 하는 문법 규칙이죠. 한편 <annoncer>의 목적어가 되는 <퍼포먼스가 있다>는 사실은 공지 시점에서 미래에 일어날 일입니다. 과거 시점에서 미래를 가리키는 동사는 조건법 형태로 씁니다. 이런 문법 규칙에 맞게 해당 문장을 고치면 이렇게 됩니다.

J'ai vu un panneau qui **annonçait** qu'il y **aurait** une performance artistique.

문법적으로 틀리지는 않지만 이런 문장을 두고 <무거운 문장 une phrase lourde>, 즉, 쓸데없이 긴 문장이라고 합니다. 짧고 깔끔하게 만들어 볼까요 먼저 동사 <annoncer>를 현재분사형으로 써 형용사 기능을 하도록 합니다. <~을 알리는 팻말 un panneau annonçant>이 되는 것이죠. 무엇을 알리고 있나요? <퍼포먼스가 있다는 사실 qu'il y aurait une performance>이라고 길게 쓸 필요가 있을까요. <퍼포먼스를 알리는>으로 충분합니다. 다듬은 문장은 이렇게 되겠죠.

J'ai vu un panneau annonçant une performance artistique.

[C]'était une artiste célèbre : 지시대명사 <ce>가 무엇을 가리키는지 확실치 않습니다. <**La femme en maillot de bain était** une artiste célèbre>로 써야 오해가 없습니다.

Après avoir **reconnu qui elle était** : 동사 <reconnaître>는 <알아보다>란 뜻입니다. 즉, 이 말 속에는 <누구인지>란 뜻이 이미 담겨 있습니다. 따라서 그 뒷 말 <그녀가 누구인지 qui elle était>는 필요 없는 반복입니다. <그녀를 알아보고 난 후 Après l'avoir reconnue>로 써야 합니다.

참고로 우리말 <그녀를 알아보다>와 <그녀가 누구인지 알아보다>는 의미가 다릅니다. 첫 번째 문장에서 <알아보다>는 <기억에 떠올리다>는 의미로 프랑스어 <reconnaître>의 등가어입니다. 반면 두 번째 문장에서 <알아보다>는 그녀가 누구인지 <조사하다>는 뜻입니다. 글을 쓴 학생은 우리말 <알아보다>의 이 두 가지 의미를 몰랐거나 혼동한 것 같습니다. 학생이 하려 했던 말은 혹시 <그녀가 누구인지 알고 나서>가 아니었을까요? 문맥을 보면 그럴 가능성이 매우 높습니다. 그랬다면 정확한 표현은 <après avoir **appris** qui elle était>가 되겠습니다.

서술문 쓰기의 마지막 시간이었던 오늘 강의를 마칩니다. 다음 시간부터는 논설문 쓰는 연습을 하겠습니다.

제8강
논설문의 구조

이번 시간부터는 논설문 쓰기 연습입니다. 서술문 쓰기에 비해 상당히 어렵습니다. 정확한 프랑스어 구사 능력뿐만 아니라 논리적 사고를 요구하는 글이기 때문이죠. 힘들겠지만 이번 기회에 이치에 맞게 생각하는 훈련을 해보세요.

논설문 texte argumentatif은 정치적, 사회적, 사상적 성격을 띤 쟁점에 대해 자신의 견해를 피력하고 그것을 옹호하는 글입니다. 글쓴이가 궁극적으로 노리는 것은 독자가 자신의 주장에 동의하도록 만드는 것이죠. 그러자면 수긍할 수 있는 논거와 적절한 예를 들어 독자를 설복하는 데 주력해야겠죠.

논설문은 일반적으로 서론, 본론, 결론으로 구성됩니다. 각 부분에는 어떤 내용이 들어가야 할까요.

서론에 해당하는 부분을 프랑스어로 <introduction>이라 합니다. 동사 <introduire>는 <어떤 곳으로 들어가게 하다>란 뜻이죠. 논설문의 서론을 쓴다는 것은 자신의 글 속으로 독자를 인도하는 작업입니다. 독자가 묻겠죠. <무엇에 관해 이야기 하려고 하는데?> 따라서 먼저 주제를 제시해야 합니다. 그리고 그 주제를 어떤 측면에서 다룰지 <관점화 mise en perspective>해야 합니다. 같은 주제라도 바라보는 각도에 따라 주장이 달라질 수 있으니까요. 사실, 논쟁은 자주 관점의 차이에서 비롯됩니다. 그래서 <관점 point de vue>이란 말과 <주장 opinion>이란 말은 혼동돼 쓰이기도 합니다.

본론에 해당하는 부분을 프랑스어로 <développement>이라 합니다. 동사 <développer>는 <펼치다>, <전개하다>는 뜻이죠. 즉, 서론에서 제시한 주제에 대해 본격적으로 여러분의 주장을 펼치는 부분입니다. 논설문의 주가 되는 이 부분에서 글쓴이는 먼저 자신의 견해를 뚜렷이 밝히고 그를 뒷받침하는 논거를 제시하면서 필요하다면 그 논거의 구체적 예를 들어야 합니다.

결론 부분을 프랑스어로 <conclusion>이라 합니다. 동사 <conclure>는 <담화, 이야기 등을 끝맺다>는 뜻입니다. 논설문의 결론은 일종의 요약입니다. 즉, 본론에서 펼친 자신의 주장을 몇 마디로 압축해 되풀이하는 것이죠. 결론 부분에서는 또한 자신의 주장을 <상대화 relativiser> 할 필요가 있습니다. 그 주장이 절대적인 것이 아닌, 쟁점에 접근한 한 측면에서 타당함을 상기시키거나, 반대의 주장도 일리가 있음을 인정하면 그 겸손함으로 인해 독자는 더더욱 글쓴이의 편이 될 수 있습니다.

아래 글은 논설문의 한 예입니다. 행을 띄운 각 문단은 서론, 본론, 결론 부분에 해당합니다. 읽고 프랑스어로 된 질문에 답해 보세요.

Une bonne mémoire suffit-elle pour avoir de bonnes notes ? C'est du moins ce que les élèves sud-coréens croient. En effet, une épreuve de l'examen consiste le plus souvent à vérifier s'ils ont bien mémorisé leur leçon. Dans une perspective plus large, cela est lié à une méthode d'enseignement privilégiée au sein des établissements scolaires sud-coréens : le cours magistral dans lequel l'enseignant transmet tout simplement des connaissances.

Pour plusieurs raisons, cette vieille méthode pédagogique devrait être remplacée en grande partie par le cours interactif permettant la communication entre professeur et élèves.

Tout d'abord, à force de rester passifs dans un cours où l'enseignant a le monople de la parole, les élèves risquent de s'ennuyer. En fait, quel professeur donnant un cours magistral n'en a jamais vu un somnoler en classe ?

Par ailleurs, passif, on est forcément peu créatif, alors que l'Education nationale prône le développemet de la créativité. Pour que cette initiative, une très bonne, ait ses conséquences sur le terrain, il faudrait que le cours interactif soit généralisé.

Enfin, rappelons une célèbre formule de Montaigne : « Une tête bien faite plutôt que bien pleine ». En fait, à quoi bon l'acquisition de beaucoup de connaissances, si l'élève ne sait pas raisonner et exprimer ses idées ? Or, il faut convenir que le cours magistral ne l'aide pas à développer ces facultés. Par contre, dans un cours interactif, grâce au débat et à l'échange d'opinions, les jeunes apprennent à penser et à s'exprimer.

Il est vrai que l'enseignement a pour objectif principal de transmettre des connaissances. Il ne s'agit cependant pas de demander aux élèves de mémoriser tout simplement ces connaissances, mais de les exploiter. Et cette exploitation peut commencer par un débat ou un échange d'idées dans un cours interactif. Voilà pourquoi cette méthode d'enseignement doit être encouragée.

1. Quel est le sujet ?

a) L'évaluation des acquis des élèves
b) Le moyen pour avoir une bonne note à l'examen
c) la méthode d'enseignement
d) la communication entre professeur et élèves

2. Quelle affirmation résume le mieux l'idée exprimée ?

a) L'enseignement interactif répond mieux que l'enseignement magistral à l'objectif de l'Education nationale.
b) Un cours magistral est souvent ennuyeux.
c) Dans un cours interactif, les élèves apprennent à penser et à s'exprimer.
d) L'enseignement interactif a plusieurs avantages par rapport à l'enseignement magistral.

3. L'auteur a-t-il cité un exemple ? Si oui, quel est cet exemple ?

4. Reproduisez avec vos mots la conclusion.

제법 긴 논설문이지만 내용 파악은 그다지 어렵지 않았을 것입니다. 질문 역시 그리 까다롭지 않았고요. 저와 함께 정답을 확인해 볼까요.

첫 번째 질문은 이 글의 주제를 묻고 있습니다. 정답은 c), <교수법 la méthode d'enseignement>입니다. 글쓴이는 일종의 암기력 테스트인 한국 학교의 시험 형태가 지식 전달만을 목적으로 하는 <강의식 수업 cours magistral>과 관계있다고 봤습니다. 틀린 생각은 아니죠. 한국의 경우 초중고에서뿐만 아니라 대학에서도 수업은 주로 교사가 말하고 학생들은 듣는 식으로 진행됩니다. 그러다 보니 평가는 전달한 지식을 잘 기억하고 있는지 확인하는 방식이죠 글쓴이의 주장은 이러한 형태의 수업이 상당 부분 학생이 능동적으로 참여하는 <쌍방향 수업 cours interactif>으로 바뀌어야 한다는 것입니다.

두 번째 질문은 글쓴이의 생각이 가장 잘 요약된 말을 묻고 있습니다. 정답은 d), <강의식 수업에 비해 쌍방향 수업은 여러가지 장점이 있다 L'enseignement interactif a plusieurs avantages par rapport à l'enseignement magistral> 입니다. 나머지 제시된 답들은 글쓴이의 생각을 일부만 서술한 것입니다.

세 번째 질문, 글쓴이는 논거의 구체적인 예를 들었나요? 네, 첫 번째 논거 <교사가 말을 독점하는 l'enseignant a le monopole de la parole> 강의식 수업에서 학생들이 지루할 수 있다는 것을 보여주는 한 예를 들었죠. <수업 시간에 조는 학생 un élève qui somnole en classe>이 그것입니다.

네 번째 문제는 질문이 아니라 여러분의 어휘력과 표현력 테스트입니다. 글쓴이의 결론은 <쌍방향 수업을 장려해야 한다 l'enseignement interactif doit être encouragé>입니다. <장려하다 encourager>를 <promouvoir>, <favoriser> 등의 말로 바꿀 수도 있고, 수동태 문장을 능동태로 바꿔 <on doit encourager> 또는 <il faut encourager>로 쓸 수도 있습니다.

논설문의 구조를 살펴본 강의를 마칩니다. 다음 시간부터는 서론, 본론, 결론 순으로 본격적인 논설문 쓰기 연습을 하겠습니다.

제9강
주제 제시

여러분, <백지의 공포>라고 들어 보셨나요? 프랑스어로는 <syndrôme de la page blanche>, 또는 <angoisse de la page blanche>라고 합니다. 글을 쓰기 위해 백지를 마주했지만 어떻게 시작해야 할지 막막한 상태가 지속되면서 마침내 빈 종이가 두려워지는 현상을 가리킵니다. 그만큼 글은 시작이 어렵다는 뜻이죠. 그래서 <글의 첫마디는 하늘의 선물 le premier mot est le don du ciel>이라고도 합니다.

특히 논설문은 시작이 어렵습니다. 주제는 정해졌지만 그것를 어떤 식으로 제시해야 할까요. <나는 이 글에서 ~에 대해 말해 보려 한다>? 약간 유치하죠. <이 글은 ~을 목적으로 한다>? 학술논문의 서두에서 자주 쓰이는 표현이지만 딱딱하고 상투적입니다. 독자를 단번에 사로잡는 참신한 첫마디를 찾다 보면 시간은 흐르고 초조해지면서 급기야 이른바 <백지의 공포>에 사로잡힙니다.

제8강에서 예로 든 논설문은 어떻게 시작했나요?

Une bonne mémoire suffit-elle pour avoir de bonnes notes ?

그렇습니다. 주제인 <교수법 문제>를 제시하기 위해 그것과 관계된 한 구체적 사실에 대해 의문을 제기했죠. 이어지는 문장은 왜 그런 질문을 던지게 되었는지 말해주고 있습니다.

C'est du moins ce que les élèves sud-coréens croient.

다시 말해 글쓴이는 배운 것을 암기만 하면 시험에서 좋은 성적을 받을 수 있다고 믿는 한국 학생들을 문제삼았습니다 그리고 그러한 믿음이 궁극적으로 주입식 교육, 즉, 교수법과 관계 있다는 말로 주제를 제시했습니다.

서두의 두 문장을 하나로 합쳐 이렇게 쓸 수도 있었겠죠.

Les élèves sud-coréens croient qu'une bonne mémoire suffit pour avoir de bonnes notes.

하지만 <기억력만 좋으면 좋은 성적을 받을 수 있는 것일까?>라고 질문화 하는 것이 독자를 사로잡는 데 훨씬 효과적입니다. 같은 의문을 독자도 품어볼테니까요. 요컨대 논설문의 시작을 구체적 사실 언급으로 시작해 보세요. 예로 든 글에서처럼 그 사실을 질문 형태로 언급할 수도 있겠죠.

제가 권하는 방식으로 논설문을 시작할 때 사용될 수 있는 몇 개의 접속어와 그 용례를 볼까요.

Depuis quelque temps...

예문) **Depuis quelque temps**, les jeunes diplômés mettent de plus en plus de temps pour trouver un travail.

Il est fortement question de...

예문) De nos jours, **il est fortement question de** la difficulté d'intégration professionnelle des jeunes.

On parle beaucoup en ce moment de...

얘문) **On parle beaucoup en ce moment des** jeunes qui, malgré leur diplôme, n'arrivent pas à trouver un emploi.

Rappelons que...

예문) **Rappelons que** seulement un jeune diplômé sur deux trouve un emploi à la fin de leurs études.

Il est à noter que...

예문) **Il est à noter que** les étudiants sont de plus en plus préoccupés par leur intégration professionnelle après leurs études.

각각 다른 접속어를 사용해 진술한 사실들을 공통적으로 바라볼 수 있는 관점은 무엇일까요? 그렇죠. <대학 졸업자 취업의 어려움>입니다. 즉, 관점화를 통해 <청년 실업 le chômage des jeunes>이란 주제를 제시할 수 있겠죠.

제8강에서 예로 든 논설문에서 관점화를 위해 사용된 접속어는 무엇이었나요? 그렇습니다. <보다 넓은 관점에서 보자면 dans une perspective plus large>이었죠. 다른 접속어로는 <사실 en fait>, <보다 일반적으로는 d'une façon plus générale> 등이 있습니다.

Introduction

다음은 주제를 제시하기 위한 구체적 사실의 진술들입니다. <Depuis quelque temps> 등 앞서 예로 든 접속어를 각 진술에 붙여 보세요.

1. Il y a de plus en plus de couples sans enfant.
2. Il fait de moins en moins froid en hiver, de plus en plus chaud en été.
3. L'âge du droit de vote est passé de 19 à 18 ans.
4. Les réseaux sociaux constituent le média favori des jeunes.

1번 진술에는 <~을 상기하자 rappelons que>가 붙은 것이 좋겠습니다. 아이 없는 부부가 증가한다는 것은 모두가 알고 있는 사실이니까요.

Rappelons qu'il y a de plus en plus de couples sans enfant.

2번 진술 <해가 갈수록 겨울철은 덜 춥고 여름철은 더 덥다>에도 <rappelons que>가 붙을 수 있겠지만 이미 사용했으니 <~에 주목하자 il est à noter que>를 붙이죠.

Il est à noter qu'il fait de moins en moins froid en hiver, de plus en plus chaud en été.

3번 진술은 2019년 대한민국 국회가 19세이던 선거연령을 18세로 낮추는 선거법 개정안을 통과시킨 사실을 말하고 있습니다. 개정을 부정적으로 보는 국민이 적지 않았죠. <~이 큰 문제가 되고 있다 il est fortement question de>를 붙이는 것이 좋겠군요. <de> 다음에는 명사가 와야 함으로 주어진 문장을 조금 변형시켜야 합니다.

Il est fortement question de l'âge du droit de vote **qui** est passé de 19 à 18 ans.

소셜 네트워크 서비스가 젊은층이 선호하는 매체가 되었음을 말하는 4번 진술에는 <rappelons que> 또는 <Il est à noter que>가 붙을 수 있겠습니다.

Rappelons que les réseaux sociaux constituent le média favori des jeunes.

위 네 개의 진술은 각각 어떤 관점에서 바라볼 수 있을까요? 다시 말해 각 진술과 관계된 주제는 어떤 것일까요? 각각의 진술과 아래 오른쪽에 열거한 주제를 선을 그어 연결해 보세요.

진술 1. le réchauffement climatique

진술 2. la communication

진술 3. la baisse de la natalité

진술 4. les droits politiques des jeunes

진술 1 <Il y a de plus en plus de couples sans enfant>이란 현상과 관계된 주제는 <출산율 감소 la baisse de la natalité>입니다. 같은 현상에서 다른 주제를 끌어낼 수도 있습니다. <무자식 상팔자>란 일종의 신세대 행복론을 주제로 그에 대한 자신의 견해를 피력할 수도 있겠죠. 즉, <관점화 mise en perspective>에 따라 주제가 달라집니다.

두 번째 진술 <Il fait de moins en moins froid en hiver, de plus en plus chaud en été>와 관계된 주제는 <지구 온난화 le réchauffement climatique>입니다. 이 주제로 글을 쓴다면 해수면 상승으로 인한 재앙에 대해 자신의 의견을 말할 수 있을 것입니다. 하지만 관점을 달리하면 기후 변화로 인한 에어컨 판매 급증 등 소비 시장의 변화를 이야기 할 수도 있겠죠.

세 번째 진술 <L'âge du droit de vote est passé de 19 à 18 ans>과 연결되는 주제는 <청년 참정권 les droits politiques des jeunes>입니다. 이 역시 관점에 따라 주제가 달라질 수 있습니다. 예를 들어 청년층의 지지율이 높은 진보적 집권당이 유권자를 더 확보하려는 <정치적 꼼수>를 비판하는 글을 쓸 수도 있겠죠.

마지막 네 번째 진술 <Les réseaux sociaux constituent le média favori des jeunes>에 이어 제시할 수 있는 주제는 <소통 la communication>입니다.

자, 이제 각자 논설문의 서론을 써 보겠습니다. 위에 열거한 네 개의 주제 중 하나를 선택하세요. 그리고 그 주제를 제가 권한 방식으로 제시해 보세요.

서론 작성을 마치셨나요? 같은 주제로 남들은 어떻게 썼을까요. 아래 글은 학교에서 프랑스어 글쓰기 수업을 수강했던 한 학생이 <출산율 감소 la baisse de la natalité>를 주제로 쓴 논설문의 서론입니다. 굵게 표시된 부분은 수정이 필요하거나 논리적으로 문제가 있는 대목입니다.

Rappelons que le nombre de couples qui préfèrent vivre sans enfant augmente. En conséquence, il est fortement question de la baisse de la natalité. **En fait de cela**, certains **parlent que** c'est un phénomène lié à l'individualisme. Ce n'est pas tout à fait faux. Mais il faut savoir que **la responsabilité sociale a contribué à ce phenomene**.

주목할 만한 한 사회 현상 언급을 이끄는 말로 <rappelons que>를 썼군요. 그리고 <couples qui préfèrent vivre sans enfant>이란 말로 이 현상이 부부의 선택의 결과임을 명시했습니다. 이어 <따라서 출산율 감소가 문제되고 있다 En conséquence, il est fortement question de la baisse de la natalité>는 말로 주제를 제시했습니다. 서론의 뒷부분을 보면 이 글을 쓴 학생이 본론에서 말하고자 하는 것은 그가 생각하는 출산율 저하의 근본적 원인입니다. 즉, 혹자는 이 현상을 개인주의 팽배와 관계있다고 하지만 사회 환경이 더 큰 요인이라는 주장입니다. 내용 전개에는 문제가 없지만 잘못된 프랑스어 표현들이 있습니다.

먼저 <en fait de>의 오용입니다. 불한사전을 찾아보면 <en fait de>의 뜻풀이로 <~에 관하여>가 있습니다. 그래서 학생은 <그것에 관해 혹자는 ~라고 말한다 En fait de cela, certains parlent>라고 썼을 것입니다. 하지만 사전이 제시한 뜻풀이 <~에 관하여>는

< ~점에 있어서> 또는 <~분야에 있어서>란 의미입니다. 예를 들죠.

C'est un génie **en fait de** gestion de son argent.
그는 돈 굴리는 것에 관해 천재다.

즉, <돈 굴리는 데 있어서는>이란 뜻이죠. 사전의 뜻풀이를 오해하지 않기 위해서는 반드시 그 어휘의 용례를 봐야 합니다. 위 글에서 <en fait de cela>는 <à ce sujet>로 고쳐야 합니다.

<A ce sujet, certains **parlent que**>? <Parler>와 <dire>의 차이를 모르는 것 같군요. <Parler>는 <~에 관해 말하다>, <dire>는 <~라고 말하다>란 뜻입니다. 전자 뒤에는 <de>를 동반한 명사가 오고 후자 뒤에는 <que>가 이끄는 절이 옵니다. 아래 예를 보세요.

Il **parle de** la beauté de sa fille,
Il **dit que** sa fille est belle,

학생의 글에서 <certains **parlent** que>는 따라서 <certains **disent** que>로 고쳐야 합니다.

굵게 표시된 마지막 대목 <la responsabilité sociale a contribué à ce phénomène>에서 학생이 하려 했던 말은 <출산율 저하 현상에

는 사회도 일부 책임이 있다>로 추측됩니다. 이 메시지가 제대로 전달되기 위해서는 우선 <사회적 책임 la responsabilité sociale>과 <사회의 책임 la responsabilité de la société>이 다른 말임을 알아야 합니다. 전자는 <사회에 대한 책무>를 의미합니다. 예를 들어 기업이 공익사업 등을 통해 이윤의 일부를 사회에 환원해야 한다고 할 때 <기업의 사회적 책임 la responsabilité sociale d'entreprise>이란 말을 씁니다. 후자는 말 그대로 <사회가 책임이 있다 la société est responsable>는 뜻이죠.

한편 <contribuer>는 <기여하다>는 뜻입니다, 글 쓴 학생은 왜 이 말을 사용했을까요? 아마 <일부 책임이 있다>는 의미로 썼을 것입니다. 어쩌면 <기여>라는 한자어가 <도움이 되도록 이바지하다>라는 의미인 것을 몰랐을 수도 있죠. 문제의 문장은 <la société est en partie responsable de ce phénomène>로 고칠 수 있겠습니다.

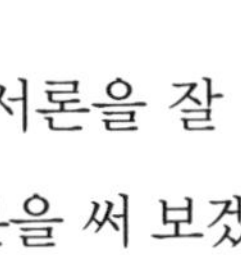

여러분이 쓴 논설문의 서론을 잘 간직하세요. 다음 시간에는 그것에 이어지는 본론 부분을 써 보겠습니다.

제10강
논거의 종류

논설문의 본론은 제시한 주제에 대한 글쓴이의 입장 표명으로 시작합니다. 제8강에서 예로 든 논설문 필자의 주장은 무엇이었나요?

> Cette vieille méthode pédagogique devrait être remplacée en grande partie par le cours interactif permettant la communication entre professeur et élèves.

즉, 교사가 말을 독점하고 학생들은 듣기만 하는 전통적 교수법은 상당 부분 <쌍방향 수업 cours interactif>으로 바뀌어야 한다는 주장입니다. 이어 그 주장을 뒷받침하는 세 개의 논거를 들었습니다. 각각의 논거를 프랑스어로 요약해 보죠.

1. Dans un cours magistral, les élèves risquent de s'ennuyer.
2. Comme ils sont passifs, ils sont peu créatifs.
3. Selon Montaigne, il faudrait former « une tête bien faite plutôt que bien pleine ».

첫 두 논거는 전통적 교수법의 단점 지적입니다. 수업 중 귀만 열어놓고 있는 학생들이 지루해 할 위험이 한 단점이고 또 다른 단점은 학생들을 수동적으로 만드는 수업 방식이 그들의 창의력 향상에 기여하지 못 한다는 것입니다. 세 번째 논거는 교육자는 <꽉 찬 머리보다 잘 돌아가는 머리>를 만들어야 한다는 프랑스 사상가 몽테뉴의 주장입니다. 『수상록 Essais』에 나오는 말로 주입식 교육 비판의 원조라 할 수 있습니다.

이들 논거들은 각각 다른 범주에 속합니다. 이번 강의에서는 논거의 종류와 그 예를 보겠습니다.

논거는 크게 두 종류로 나뉩니다. 경험과 사실에 근거한 논거와 논리에 근거한 논거지요. 앞서 본 세 개의 논거 중 <les élèves risquent de s'ennuyer>는 첫 번째 범주에 속합니다. 긴 시간 재미없는 강의를 들으며 지루했던 경험은 누구에게나 한 번쯤 있겠죠. 혹자는 그런 강의 시간에 졸다가 선생님의 꾸중을 들은 기억도 있을 것입니다. 그런 경험이 없는 독자라도 <나도 그럴 수 있겠다>는 생각이 들겠죠. 경험에 근거를 둔 논거는 이렇게 직간접적으로 확인할 수 있는 구체적 사실에 의거한 논거입니다. 특정인의 증언, 경우, 통계 수치, 학계의 보고 등도 같은 범주에 속하는 논거입니다. 예를 볼까요.

증언 : M. Jean Lansard, professeur de philosophie au lycée Lakanal, témoigne : « Depuis que j'ai adopté le cours interactif, je ne vois pratiquement plus d'élèves distraits en classe. »

경우 : Ne tenir plus à la tradition et réformer la méthode d'enseignement, c'est le cas du lycée Lakanal qui, depuis peu, a adopté l'enseignement interactif pour un grand nombre de cours.

통계 수치 : Selon un recensement du ministère de l'Education nationale, plus de 80 % des cours dans les universités se déroulent toujours de façon que les professeurs ne fassent que trasmettre des connaissances.

학계 보고 : Une étude publiée dans la revue scientifique *Pédagogie* confirme qu'en matière de développement de la créativité des élèves, le cours interactif est plus efficace que l'enseignement magistral.

앞서 본 세 개의 논거 중 <Selon Montagine...>는 경험에 근거한 논거의 특수한 형태로 <권위의 논거 argument d'autorité>라고 합니다. 한 분야에서 권위 있는 인물, 학자, 전문가, 사상가, 또는 성현의 주장을 타당한 논거로 삼는 것입니다. 유교가 한국인의 정신 세계를 지배하던 시절 먹물깨나 먹은 사람들이 자주 쓰던

<공자 왈>, <맹자 왈>에 이어지는 말들이 <권위의 논거>에 속합니다.

한편 논리에 근거한 논거는 말 그대로 사고와 추리의 합리성에 의거한 논거입니다. 앞서 본 논거들 가운데 <Comme ils sont passifs, ils sont peu créatifs>가 이 범주에 속합니다. <창의적 créatif>이란 것은 <능동적 actif> 태도에서 비롯된다는 것은 모두가 인정하는 사실입니다. 따라서 <수동적 passif> 태도의 학생들이 창의적이 될 수는 없겠죠. 이렇게 <창의성은 능동성>과 같은 부인할 수 없는 한 명제로부터 출발해 결론을 이끌어 내는 방법론을 <연역법 déduction>이라 하죠. 대전제-소전제-결론으로 구성되는 <삼단논법 syllogisme>은 이러한 추리 방법의 대표적 형태입니다. 여러분도 알고 있을 삼단논법의 한 예를 상기해 보죠.

Tous les hommes sont mortels. 모든 인간은 죽는다.
Or, Socrate est un homme. 그런데 소크라테스는 인간이다.
Donc, Socrate est mortel. 고로 소크라테스는 죽는다.

여러분이 논거의 종류를 구별할 수 있는지 볼까요. 아래 진술들은 금연의 필요성을 뒷받침하는 논거들입니다. 경험에 근거한 논거와 논리에 근거한 논거를 구별해 보세요.

1. Fumer est dangereux pour la santé, c'est ce que nous montre le rapport sur la santé des Français rédigé par l'équipe de chercheurs de l'Institut national de la Santé publique.
2. L'usage du tabac est voisin de celui des drogues ou de l'alcool : il crée une dépendance physique et psychologique dont le patient aura bien du mal à se débarrasser.
3. Fumer entraîne des troubles gastriques, donne mauvaise haleine et perturbe l'odorat comme le goût.
4. Recourir à des cigarettes sans tabac n'élimine pas les risques représentés par les goudrons, la toxicité des produits résultant de la conbustion.
5. Les programmes de prévention menés en Allemagne et les séances d'éducation au Luxembourg ont montré tout l'intérêt des efforts de sensibilisation au danger du tabac.

1번 진술은 국립보건연구원 연구 결과를 토대로 한 <권위의 논거>로 경험에 근거한 논거 범주에 속합니다.

2번 진술은 논리에 의거한 논거로 <유비추리 논거>, 줄여서 <유추 논거 argument par analogie>라고 합니다. 즉, 두 가지 사실이나 상황의 유사성을 근거로 결론을 내리는 논증법입니다. 위 진술에서는 흡연을 마약 복용, 또는 음주와 비교해 그 유사점인

<의존성 dépendance>을 논거로 들고 있습니다.

3번 진술은 인과관계에 의거한 논거로 역시 논리에 근거한 논거 범주에 속합니다. 학계의 보고에 따르면 흡연은 위장 장애를 일으키고 심한 입냄새를 유발한다고 합니다. 그로 인해 어떤 일이 일어날까요? 급기야 후각과 미각 장애를 일으킬 것이라는 <분석에 의한 추론>입니다.

4번 진술 역시 논리에 근거한 논거로 예상되는 독자의 반론을 미연에 차단하는 논증술입니다. 금연의 필요성을 역설하는 글을 읽는 독자들 가운데 혹자는 전자 담배처럼 니코틴 없는 담배가 있다는 사실을 머리 속에 떠올릴지 모르죠. 그래서 필자는 그런 종류의 담배 역시 <타르와 연소 시 발생하는 유해 물질로 인해> 건강에 해롭다는 말로 자신의 금연 필요성 주장에 쐐기를 박았습니다.

마지막 5번 진술은 경험에 의거한 논거입니다. 독일과 룩셈부르크의 흡연 예방 운동이란 구체적 사실에서 일반화를 통해 논거를 만드는 방법을 보여 주고 있습니다.

제9강에서 제시했던 4개의 논설문 주제 중 하나를 택해 글을 쓴 학생들은 어떤 종류의 논거를 들었을까요.

<지구 온난화 le réchauffement climatique>를 주제로 논설문을 쓴 한 학생은 기후 변화의 주범인 온실가스 배출 감소를 위해 육류 소비를 줄여야 한다고 주장합니다. 그를 뒷받침하는 다음 논거들은 어느 범주에 속할까요.

1, L'élevage risque de nuire à l'environnement. En fait, une grande partie de la forêt amazonienne est détruite pour l'élevage.
2. En rotant et en pétant, les vaches et les moutons émettent du méthane.
3. La production de 1 kilo de boeuf provoque l'émission d'environ 25 m^3 de gaz à effet de serre.

그렇습니다. 셋 다 경험에 근거한 논거입니다. 첫 번째와 두 번째 진술은 구체적 사실, 세 번째 진술은 통계 수치를 논거로 삼았습니다.

이번에는 <청년 참정권 les droits politiques des jeunes>를 주제로 논설문을 쓴 학생의 입장과 논거를 보겠습니다. 글쓴이는 선거 연령을 낮추는 것에 찬성하지만 동시에 자신의 권리를 제대로

행사할 수 있게 도와주는 고교 <시민교육 l'éducation civique>이 필요하다고 주장합니다. 그리고 다음과 같은 논거를 들었습니다.

1. On ne peut exercer pleinement son droit sans le connaître en détail.
2. L'éducation civique aide les jeunes à mieux connaître leurs droits politiques.
3. Grâce à l'éducation civique, les jeunes se reconnaissent en tant que citoyen et prennent conscience de la nécessité de participer à la politique via le droit de vote.

앞서 학생의 경우와 달리 이 학생의 논거는 모두 논리에 의거하고 있습니다. 이 경우 각각의 논거는 구체적 예를 동반하는 것이 바람직합니다. 논거 1 <On ne peut exercer pleinement son droit sans le connaître en détail>에 이어 이런 예를 들 수 있겠죠.

A un locataire par exemple, il arrive parfois d'être abusé par le propriétaire de son logement, faute d'informations suffisantes sur le droit au bail.

자, 이제 여러분도 이미 작성한 서론에서 제시한 주제에 대해 입장을 표명하고 그를 뒷받침하는 논거를 들어 보세요. 자신의 의견을 내놓을 때 사용할 수 있는 표현으로는 다음과 같은 것들이 있습니다.

Pour ma part : **Pour ma part**, je suis tout à fait d'accord avec la baisse de l'âge du droit de vote.

Quant à moi : **Quant à moi**, je pense que ce n'est pas l'individualisme, mais l'inefficacité de la politique familiale qui est responsable de la baisse de la natalité.

De mon point de vue : **De mon point de vue**, les réseaux sociaux sont un média qui a autant d'aspects négatifs que des avantages.

A mon avis : **A mon avis**, le véritable responsable du réchauffement climatique est la société de consommation.

여러분의 주장을 뒷받침하는 논거들을 현 단계에서는 단순히 나열해 보세요. 그들의 배열 순서와 그것들을 잇는 표현들은 추후 강의에서 다루겠습니다.

제11강
논거와 예

앞서 온실가스 배출 감소를 위해 육류 소비를 줄여야 한다고 주장했던 학생은 본론 말미에서 다음 사실을 또 다른 논거로 제시했습니다.

Manger du soja au lieu du boeuf peut réduire considérablement l'émission du gaz à effet de serre.

<소고기 대신 콩을 먹으면 온실가스 배출을 엄청나게 줄일 수 있다>는 이 진술은 과연 논거의 범주에 속하는 것일까요? 아닙니다. 예의 범주에 속합니다. 예상되는 독자의 반문, <육류는 생존에 필요한 단백질 공급원>이라는 지적을 의식해 한 말인데 논거는 <육류 대체 식품이 존재한다 Il existe des produits alimentaires de substitution de la viande>입니다. 그리고 그 한 예가 <밭의 소고기>라 불리는 <콩 soja>입니다. 사실 논설문을 쓴 학생들 가운데 상당수가 이렇게 논거와 예를 혼동하고 있습니다. 여러분은 어떨까요.

아래 진술들은 오늘날 우리가 살고 있는 <소비 사회 la société de consommation>을 비판하며 그 문제점들을 지적하고 있습니다. 논거에 속하는 진술과 예를 구별해 보세요.

A. On produit plus que ce dont on a besoin.
B. Les ressources naturelles sont limitées.
C. Les minimalistes sont contents de leur vie.
D. Selon Keneeth E. Boulding, économiste et philosophe, celui qui croit que la croissance économique peut continuer indéfiniment dans un monde fini est soit un fou, soit un économiste.
E. Les médias sont dominés par la publicité.
F. La croissance économique de la Chine a commencé à ralentir.
G. La surproduction menace l'environnement.
H. Nous sommes incités à la surconsommation.
I. Le réchauffement climatique en est une conséquence.
J. Les gouvernements des pays développés sont préoccupés par la recherche et le développement dans le domaine des énergies renouvelables.

논거에 속하는 진술은 A, B, D, G, H 입니다. 나머지 다섯 개 진술은 이들 논거의 구체적 예입니다. 다들 쉽게 논거와 예를 구별할 수 있었나요? 그럼 이번에는 각각의 논거와 그에 해당하는 예를 짝지워 보세요.

논거 A는 과잉 생산을 현대 사회의 한 문제점으로 지적하고 있습니다. 사실 한 사회가 필요로 하는 이상으로 물품을 생산하는 것은 어제오늘의 일이 아닙니다. 산업혁명으로 대량 생산이 가능해진 19세기 서양 각국은 자국에서 남아도는 물건을 소비시킬 시장을 찾기 위해 식민지 쟁탈전에 뛰어들었죠. 오늘날의 무역 분쟁도 따지고 보면 과잉 생산이 원인입니다. 과잉 생산의 무익성을 보여주는 한 예는 무엇일까요? 위 진술들 가운데 C, 딱 필요한 것만 가지고 사는 삶에 만족하는 미니멀리스트들이 그 좋은 예입니다.

논거 B는 과잉 생산과 과잉 소비는 한정된 자원의 고갈을 앞당긴다는 것을 시사하고 있습니다. 특히 석유와 같은 에너지 자원 고갈 위험이 심각한 문제죠. 그래서 예 J에서 보듯이 선진국들은 재생 에너지 연구와 개발에 힘을 쏟고 있습니다.

한편 D는 이른바 <권위의 논거>에 속하는 진술로 미국의 경제학자이자 철학자인 볼딩의 무한정 경제 성장에 대한 믿음을 꼬집는 말입니다. <유한한 세상에서 경제 성장이 무한정 지속될 수 있

다고 믿는 자는 미친 사람이거나 경제학자다.> 끝없는 경제 성장이 허상임을 보여주는 예는 진술 F, 중국의 고도 성장이 하강 곡선을 그리기 시작했다는 것입니다.

과잉 생산의 또 다른 폐해는 환경 파괴입니다. 논거 G는 그것을 지적하고 있습니다. 그리고 그를 보여주는 한 예가 진술 I, 지구 온난화입니다. 공장들이 뿜어내는 이산화탄소가 그 주범이라는 것은 다들 알고 있는 사실이죠.

논거 H는 과잉 생산은 과잉 소비를 부추긴다는 사실을 지적하고 있습니다. 필요 이상의 소비를 조장하는 구체적인 예는 진술 E입니다. 신문, 방송, 인터넷 등 대중매체가 광고로 범람하는 것을 보고 여러분도 저처럼 눈살을 지푸리시나요?

논설문은 어떤 주장을 반박하는 글이 될 수도 있습니다. 이 경우도 설득력 있는 논거와 적절한 예를 들어야겠죠.

도시화가 가속화 되던 1970년대, 프랑스 작가 미셸 투르니애는 한 글에서 대도시에 거주하는 사람들의 타인에 대한 무관심과 이

웃과 교류 단절, 그로 인한 고독한 삶에 대해 <우리는 유리 우리에 갇혀 산다 Nous vivons enfermés dans une cage de verre>고 했습니다. 다음 진술들은 그 주장을 반박하는 논거와 예입니다. 앞서와 마찬가지로 각각의 논거와 그에 해당하는 예를 짝지워 보세요.

A. Les campagnes du Téléthon ou de la lutte contre le cancer attestent la solidarité de l'opinion.

B. La vie culturelle contemporaine est marquée par un certain regain de la fête collective.

C. Certains immeubles, certains quartiers se donnent des structures de gestion collective.

D. Les loisirs bénéficient de plus en plus d'une politique collective.

E. De petits et grands festivals organisés par les collectivités locales accueillient des foules qui sont attirées autant par l'intérêt culturel que par la communication collective.

F. On assiste de plus en plus à un grand élan caritatif.

G. Les moeurs françaises sont marquées par le goût de l'association.

H. Les Maisons pour tous se multiplient.

진술 A는 예입니다. <텔레비전 télévision>과 <마라톤 marathon>의 합성어인 <Téléthon>은 자선 사업에 필요한 기금을 모으기 위한 장시간 TV 프로그램 제목이죠. A와 짝지워지는 논거는 진술 F, <자선 운동의 열기>입니다.

진술 B는 논거입니다. <현대 문화 생활을 특징 짓는 공동체 축제의 부활>이란 논거의 구체적 예는 진술 E, <소통을 주제로 한 지역 축제의 성공>입니다.

진술 C, <공동 경영 구조를 갖춘 몇몇 주거 단지와 동네들>을 예로 든 논거는 무엇일까요. 네, 진술 G, <프랑스 사회의 새로운 풍속도인 조합 구성>입니다.

진술 D, <주민들의 여가 활동을 지원하는 공동체 차원의 정책>은 논거입니다. 그 한 예로 진술 H에서 한국의 사회복지관에 해당하는 <Maison pour tous>의 증가를 들었습니다.

이렇게 자신의 주장을 옹호하는 논거, 또는 반대로 어떤 주장을 반박하는 논거는 어떤 순서로 배열해야 할까요. 그리고 그들 논거들을 논리적으로 잇기 위한 표현들은 어떤 것이 있을까요. 다음 시간에는 이에 관한 여러분의 궁금증을 풀어 드리겠습니다.

제12강
논거 배열

<설득력이 약한 논거를 먼저, 강한 논거를 나중에 배치하라.> 이것이 논설문에서 논거를 배열하는 원칙입니다. 필자의 주장에 점점 무게가 실리도록 하기 위한 <글쓰기 전략>이죠. 하지만 더불어 알아두어야 할 것은 가장 명백한 논거가 필연적으로 가장 설득력이 큰 논거는 아니라는 사실입니다. 무슨 뜻이냐고요? 제8강에서 보았던 논설문을 예로 들어 설명해 보죠.

이 글의 필자는 <강의식 수업의 지루함>을 첫 번째 논거로 들었습니다. 대다수의 경험에 비춘 논거이기에 가장 설득력이 클 법하죠. 하지만 독자도 익히 알고 있는 사실임으로 새로울 게 없는 논거, 다시 말해 <독자를 끌어들이는 힘> 차원에서 그다지 설득력이 크지 않은 논거입니다. 이를 잘 알고 있기에 필자는 이 논거를 첫 번째로 제시한 것입니다.

같은 논설문의 두 번째 논거 <학생들을 수동적으로 만드는 수업은 그들의 창의력 향상에 기여하지 못한다>는 독자로 하여금 한 번쯤 생각하게 만드는 진술입니다. 잠깐 머리를 굴린 후 <그래

맞아. 창의적이 되려면 능동적 태도가 필요하지>라고 필자의 의견에 맞장구치겠죠. 다시 말해 설득력이 큰 논거는 그 해석에 독자를 참여 시키는 진술입니다.

같은 글에서 세 번째 논거는 무엇이었던가요. <꽉 찬 머리보다는 잘 돌아가는 머리를 만든다>였죠. 몽테뉴의 이 말을 알고 있었던 독자가 과연 몇이나 될까요. 아마 대부분 독자들에게 아포리즘과 같은 이 말은 하나의 발견이었을 것입니다. 새롭게 알게된 것은 그것을 발견하기 위한 노력이 있었기에 더욱 소중하죠. 따라서 독자는 필자의 주장에 더욱 동의하게 됩니다.

논설문 쓰기 전략 중 하나인 논거 배열 요령을 잘 이해하셨죠. 요컨대 논거의 설득력 정도란 객관적인 것이 아닙니다. 보이지 않는 독자의 심리적 반응을 예상하는 것이 필자가 글의 설득력을 점진적으로 높여가는 한 방법입니다. 물론 제시한 여러 논거가 논리적으로 연결되어 있을 때는 그 논리적 흐름에 따라 배열해야겠죠.

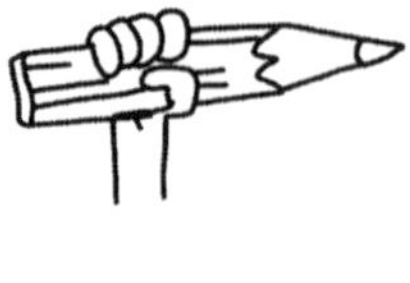

아래 진술들은 전 강의에서 소비 사회를 비판하기 위해 제시했던 논거들로 논리적 연관성이 있습니다. 어떤 순서로 배열해야 할까요.

1. On produit plus que ce dont on a besoin.
2. Les ressources naturelles sont limitées.
3. Selon Keneeth E. Boulding, économiste et philosophe, celui qui croit que la croissance économique peut continuer indéfiniment dans un monde fini est soit un fou, soit un économiste.
4. La surproduction menace l'environnement.
5. Nous sommes incités à la surconsommation.

<소비 사회 비판>이 주제인 이 글에서 첫 번째 논거로 제시해야 할 것은 과잉 소비의 근본적 원인인 과잉 생산입니다. 따라서 진술 1, <On produit plus que ce dont on a besoin>이 가장 먼저 와야겠죠. 필요 이상으로 생산된 물품을 처리하자면 어떻게 해야 할까요? 유명인을 등장 시킨 광고나 <원 플러스 원> 등 마케팅 전략을 통해 과잉 소비를 부추겨야겠죠. 따라서 5번 진술 <Nous sommes incités à la surconsommation>이 다음에 놓입니다. 하면 도대체 왜 이렇게 필요 이상으로 생산하는 걸까요? 모든 선진국들이 혈안이 된 경제 성장 때문이죠. 하지만 언제까지 그 경제 성장이 지속될 수 있을까요. <Celui qui croit que la croissance économique peut continuer indéfiniment dans un monde fini est soit

un fou, soit un économiste>란 불딩의 조롱 섞인 지적, 3번 진술이 그 다음 논거로 와야겠죠. 이어 진술 2, 생산에 필요한 자원이 한정되어 있다는 논거와 게다가 과잉 생산은 환경을 위협한다는 진술 4가 차례로 오게 됩니다.

교실에서 프랑스어 글쓰기 강의를 수강했던 한 학생의 논거 배열을 볼까요. 주제는 <출산율 감소>입니다.

De mon point de vue, la baisse du taux de natalité affaiblit la compétitivité d'un pays.

1. Le nombre d'actifs diminue progressivement.
2. L'augmentation de la part de la population âgée peut réduire la dynamique de la société.
3. Comme le petit nombre des actifs prend en charge le grand nombre des retraités, les dépenses de l'Etat augmente.

적절한 배열 순서일까요? 아니죠. 장기적인 출산율 자하로 인한 경제 활동 인구 감소와 퇴직자들에게 지급되는 연금 기금 고갈 위기는 연관된 논거임으로 1번 진술과 3번 진술이 차례로 와야 합니다. 2번 진술은 출산율 감소의 또 다른 위험, 고령화 사회의 역동성 상실입니다.

이번에는 21세기 보편화 된 소통 수단 소셜 네트워크의 부정적 측면을 지적한 학생의 논거 배열입니다.

1. Il y a le risque de la fuite des données personnelles.
2. Il y a beaucoup d'informations fausses sur les réseaux sociaux et elles circulent facilement et rapidement.
3. Selon une étude publiée aux Etats-Unis, plus longtemps on utilise les réseaux sociaux, plus facilement on est exposé à la dépression et aux troubles du contrôle des impulsions.

논거 배열 순서를 여러분은 어떻게 생각하나요? 논리적 연관성이 없는 논거들을 어떤 원칙에 의거해 배열한 것일까요? 네, 이번 강의 첫 부분에서 설명한 <설득력 정도>입니다. 사실 저처럼 SNS 이용이 우울증과 자기 제어 상실 위험과 관계 있다는 사실을 몰랐던 독자에게는 마지막 진술이 가장 설득력이 큽니다. 여러분은 이 사실을 알고 있었나요?

이번에는 논거를 나열할 때 그들을 잇는 어휘들을 보겠습니다. 먼저 제8강에서 예로 든 논설문에서는 어떤 말들이 쓰였는지 보죠.

Tout d'abord, à force de rester passifs dans un cours où l'enseignant a le monople de la parole, les élèves risquent de s'ennuyer.
Par ailleurs, passif, on est forcément peu créatif, alors que l'Education nationale prône le développemet de la créativité.
Enfin, rappelons une célèbre formule de Montaigne : « Une tête bien faite plutôt que bien pleine ».

이 글에서 제시된 논거들은 서로 연관성이 없는 것들입니다. 따라서 단순히 나열하거나 첨가할 때 사용하는 어휘 <먼저 d'abord>, <게다가 par ailleurs>, <마지막으로 enfin> 등이 쓰였습니다. <첫째로, 둘째로, 끝으로 en premier lieu, en deuxième lieu, en dernier lieu>를 사용할 수도 있습니다. <ensuite>, <puis>, <en plus>, <en outre> 등도 첨가할 때 사용하는 부사어입니다.

앞서 온실가스 배출 감소를 위해 육류 소비를 줄여야 한다고 주장했던 학생은 어떤 어휘글을 사용해 논거들을 배열했을까요.

D'abord, l'élevage risque de nuire à l'environnement. En fait, une grande partie de la forêt amazonnienne est détruite pour l'élevage.

Puis, en rotant et en pétant, les vaches et les moutons émettent du méthan.

En plus, la production de 1 kilo de boeuf provoque l'émission d'environ 25 m^3 de gaz à effet de serre.

Par ailleurs, la consommation de la viande n'est pas indispensable pour les hommes. Par exemple, manger du soja au lieu du boeuf peut réduire considérablement l'émission du gaz à effet de serre.

나열할 때 사용하는 어휘글이 주로 쓰였군요. 주의해야 할 것은 우리말로는 둘 다 <게다가>로 번역되는 <en plus>와 <par ailleurs>가 미묘한 의미 차이가 있다는 것입니다. <en plus>는 앞서 진술한 사실에 <덤으로>란 뜻으로 다음 진술 내용이 그것과 같은 범주에 속해야 합니다. 간단한 예를 들죠.

Il pleut. En plus, il fait du vent violent.

<비가 온다. 게다가 세찬 바람이 분다.> 즉, 두 진술 모두 <날씨 묘사>란 범주에 속합니다. 학생이 쓴 글에서 두 번째 논거 <가축들의 메탄가스 배출>과 <en plus>가 이끄는 진술 <소고기 생산으로 생기는 온실가스>는 그 내용이 같은 범주에 속하지 않습니다. 따라서 <en plus> 대신 <다른 측면에서 보면>이란 의미의 <게다가>인 <par ailleurs>를 써야 합니다.

한편 네 번째 논거 <육류 소비가 필수불가결한 것은 아니다>란 진술은 <축산이 환경에 미치는 악영향>이란 공통점을 가진 앞서의 세 개 진술과 완전히 성격을 달리 합니다. 따라서 이 논거는 <par ailleurs>를 사용한 첨가의 형태로 앞 글에 이어질 수 없습니다.

이번에는 앞서 본 소비 사회를 비판하는 글처럼 제시한 논거들이 논리적 연관성을 가지고 있을 때 연결 고리로 사용되는 아휘들을 보죠.

먼저 <원인 cause>으로 뒷 논거, 또는 사실이 앞 논거에 이어지는 경우에 쓰이는 어휘들과 그 용례입니다.

En effet : La société capitaliste incite à la surconsommation. **En effet**, on prétend que la consommation est une vertu.

Car : Le cours magistral est souvent ennuyeux, **car** le professeur monopolise la parole.

<결과 conséquence>, 즉, 한 논거에서 다른 논거를 이끌어 낼 때 사용하는 어휘들입니다.

Ainsi : Dans un cours magistral, le professeur monopolise la parole. **Ainsi**, les élèves risquent de s'ennuyer, surtout quand leur enseignant est peu éloquent.

Donc : Toute nation a sa souveraineté. Aucun pays n'admet **donc** d'ingérence étrangère.

C'est pourquoi : Le monde consomme de plus en plus d'énergie, alors que les ressources énergétiques sont limitées. **C'est pourquoi** on a intérêt à développer les énergies renouvelables.

한편 어떤 주장을 반박하는 논설문에서는 비판 대상이 되는 글의 논거를 인용하고 그에 맞서는 논거를 제시하기 위해 다음과 같은 어휘가 사용됩니다.

Mais : « Nous vivons enfermés dans une cage de verre » ? **Mais** on assiste de plus en plus à un grand élan caritatif.

Cependant : Les urbains vivent dans un isolement. Il est à noter **cependant** que les moeurs françaises sont marquées par le goût de l'association.

En revanche : Certaines techniques modernes ont favorisé le mode de vie solitaire. **En revanche**, les loisirs bénéficient de plus en plus d'une politique collective.

자, 이제 아래 어휘들을 사용해 소비 사회를 비판하는 논거들을 연결해 보세요.

par ailleurs – tout d'abord – en effet – cependant - ainsi

............, on produit plus que ce dont on a besoin. Nous sommes .... incités à la surconsommation, et ce au nom de la croissance économique. ...., selon Keneeth E. Boulding, économiste et philosophe, celui qui croit que la croissance économique peut continuer indéfiniment dans un monde fini est soit un fou, soit un économiste. ...., les ressources naturelles sont limitées. ...., la surproduction menace l'environnement.

위 글의 논리적 전개를 위해 제시한 어휘들은 tout, d'abord – ainsi – cependant – en effet – par ailleurs 순으로 빈 칸에 들어가야 합니다.

이제 여러분 논설문의 논거들을 적절한 순서로 배열해 보세요. 그리고 그들을 앞서 본 연결어로 이어 보세요. 서론에 이어 본론 부분이 완성됩니다. 다음 시간에는 결론 쓰는 법을 보겠습니다.

제13강
결론 쓰기

논설문의 결론은 본론에서 펼친 주장의 요약입니다. 쟁점에 대한 필자의 입장을 상기 시키는 것이죠. 다음 말들은 결론 부분을 시작하는 데 쓰이는 어휘와 표현들입니다.

En défintive

예문 : **En défintive**, le cours magistral pose beaucoup de problèmes.

En résumé

예문 : **En résumé**, au nom de la croissance économique, on incite à la surconsommation qui, elle, menace notre planète.

On voit par ce qui précède que

예문 : **On voit par ce qui précède que** les réseaux sociaux n'ont pas seulement des avantages par rapport à d'autres médias..

En somme

예문 : Le réchauffement climatique est **en somme** la question la plus préoccupante au XXIe siècle

On peut conclure en disant que

예문 : A propos de la baisse de la natalité, **on peut conclure en disant que** la politique familiale mise en place n'est pas si efficace.

이렇게 요약해 다시 한 번 내세운 주장에 모든 독자가 동의하지는 않을 것입니다. 같은 주제에 대해 정반대의 의견을 가지고 있었다면 아무리 논거가 설득력 있어도 쉽게 자신의 생각을 바꾸지는 않을테니까요. 예를 들어 전통적 교수법을 옹호하는 독자는 강의식 수업을 비판하는 글을 읽으며 <하지만 학교 교육의 주된 목적은 지식 전달이 아니겠느냐>고 묻겠죠. 논설문의 결론에서는 이런 반론을 예상하고 <입막음>을 할 필요가 있습니다. 어떤 식으로 해야 하는 걸까요.

일단 예상되는 독자의 반론을 서술하고 그 앞에서 한 발짝 물러납니다. 반격을 위한 후퇴지요. 이를 수사학 용어로 <양보 concession>라 합니다.

이어 독자의 반론을 감안해 자신의 주장이 타당성을 갖는 범위를 한정 시키는 <상대화 relativiser>를 하거나 또는 그 반론에 맞서는 논거를 제시합니다. 토론과 논쟁을 즐기는 프랑스 사람들의 대화에서 자주 쓰이는 <맞아, 하지만 oui, mais>이란 표현이 후자의 경우에 해당합니다. 한 예로 시골에 사는 것이 좋다고 주장하는 A와 도시 생활의 장점을 내세우는 B의 대화를 상상해 보죠.

A : Je préfère vivre à la campagne, parce que c'est tranquille.

B : Oui, mais au bout de quelque temps, vous risquez de vous ennuyer. Par contre, dans une ville, il y a beaucoup d'espaces culturels et de loisirs : le cinéma, le théâtre, la médiathèque…

B는 시골 생활이 평온하다는 사실을 인정함으로써 한 발 양보했습니다. 이어 한적한 시골에는 오락거리가 많지 않아 권태롭다는 점을 지적하면서 도시 생활의 장점으로 문화 생활 공간이 많다는 것을 꼽았습니다. 이러한 반격에서 주의해야 할 것은 내용이 같은 범주에 속하는 논거를 제시해야한다는 것입니다. 예를 들어 B가 <편리한 교통>을 도시 생활의 장점으로 들었다면 이는 관점을 달리한 반격으로 논쟁에 있어서 일종의 <오프사이드> 를 범한 것입니다.

위 대화를 토대로 시골 생활의 이점을 주장하는 글의 결론을 상상해 봅시다. 독자인 B의 반론을 예상한 필자 A는 이렇게 말할 수 있겠죠.

Il est vrai que dans une ville, il y a beaucoup d'espaces culturels et de loisirs. Mais grâce au développement de la technologie de l'information et de la télécommunication, on s'ennuye à la campagne beaucoup moins que dans le passé.

위 글에서 <Il est vrai que... Mais>가 한 발 물러선 후 반론을 제기할 때 쓰는 표현들 중 하나입니다. 다른 표현들을 보죠.

S'il est certain que... il n'en est pas moins vrai...

예문 : **S'il est certain que** l'enseignement a pour objectif principal de transmettre des connaissances, **il n'en est pas moins vrai que** l'enseignant doit aider ses élèves à exploiter ces connaissances.

Il est possible que... Cependant...

예문 : **Il est possible que** les efforts individuels ont une limite pour remédier à un problème d'envergure planétaire tel le réchauffement climatique. **Cependant**, un petit geste peut changer le monde.

Même si l'on admet...

예문 :**Même si l'on admet** qie la création d'emplois dépend de la croissance économique, il est absirde de produire au-delà des besoins pour réduire le chômage.

<양보-반격>을 연습해 보겠습니다. 아래 진술들은 논설문 필자의 주장과 예상되는 독자의 반론입니다. 앞서 본 표현들을 사용해 양보에 이어 독자의 반론에 맞서는 논거를 제시해 보세요. 필자의 주장은 T (thèse), 독자의 반론은 O (opposition)로 표시했습니다.

T : Pour empêcher la surconsommation, il faut interdire la publicité.
O : La publicité nous informe sur les produits.

T : Il faut baisser l'âge du droit de vote à 18 ans.
O : La plupart des jeunes de cet âge ne sont pas assez mûrs.

T : Il faut réduire l'élevage qui nuit à l'nevironnement.
O : On a besoin de manger de la viande riche en protéines.

과잉 소비를 막기 위해 광고를 금지해야 한다는 주장에 맞서 <광고는 제품 정보를 제공하는 기능도 가지고 있다>는 반론에 대해 어떤 재반론이 가능할까요. <과장된 정보 des informations exagérées>를 예로 들어 반격할 수 있겠죠.

Il est vrai que la publicité nous informe sur les produits. Mais ces informations sont assez souvent exagérées.

선거 기준 연령을 18세로 낮추어야 한다는 주장에 대한 반론은 <그 나이 청소년들 대부분은 정신적으로 채 성숙하지 않았다> 입니다. 하지만 그렇다고 정치적 견해를 갖지 말란 법이 있을까요?

Il est possible que la plupart des 18 ans ne sont pas assez mûrs. Cependant, l'immaturité n'empêche pas d'avoir une opinion politique.

세 번째 주장과 반론은 지난 강의에서 본 것입니다. 반론에 한 발 물러서며 육류 대체 식품이 있음을 상기 시킬 수 있겠죠.

S'il est certain que nous avons besoin de protéines pour la santé, il n'en est pas moins vrai que certains aliments végétaux, le soja par exemple, peuvent se substituer à la viande.

자 이제 여러분 논설문의 끝맺음을 할 시간입니다. 이번 강의에서 배운 것을 상기하며 결론 부분을 써 보세요. 그리고 완성된 글을 여러 차례 읽으며 문장들을 다듬어 보세요. 같은 어휘를 지나치게 자주 사용하지는 않았나요? 서술에 흠잡을 데는 없나요? 틀리지는 않았지만 정교하게 만들 수 있는 문장은 없나요? 마지막 강의인 다음 시간에는 교실에서 프랑스 글쓰기 강의를 수강했던 한 학생의 논설문을 가지고 글 다듬기를 해 보겠습니다.

제14강
글 다듬기

프랑스어 글쓰기 마지막 강의입니다. 전 시간에 예고한 대로 이번 강의에서는 한 학생의 논설문을 다듬어 보겠습니다. 주제는 <소셜 네트워크 réseaux sociaux>입니다. 먼저 서론을 보시죠.

> Il est à noter que les réseaux sociaux sont devenus le média privilégié. En effet, de nos jours, les gens en général communiquent sur les réseaux sociaux. Grâce aux réseaux sociaux, ils ont l'avantage d'échanger des informations facilement et rapidement.

금방 눈에 띄는 문제점은 무엇인가요? 그렇습니다. <Réseaux sociaux>란 말의 지나친 반복이죠. 이러한 되풀이를 어떻게 피할 수 있을까요.

동어 반복을 피하는 가장 간단한 방법은 대명사로 대체하는 것입니다. 물론 매번 그렇게 할 수는 없습니다. 대명사는 바로 전 문장의 주어나 목적어만 대신할 수 있으니까요. 위 글에서는 <les

gens en général communiquent sur les réseaux sociaux>에 바로 이어지는 문장에서 <grâce aux réseaux sociaux>를 <grâce à **ceux-ci**>로 바꿀 수 있습니다. <Ceux>는 지시 대명사입니다. 앞 문장의 <les gens>과 <les réseaux sociaux> 중 후자를 대신한다는 것을 명확히 하기 위해 <.ceux-ci>가 되었습니다. 전자를 대신했다면 <ceux-là>가 되었겠죠.

같은 말 반복을 피하는 다른 한 방법은 동의어 사용입니다. 어휘력을 필요로 하는 해결책이죠. 다음 예를 보세요. 괄호 안에 들어간 말이 반복을 피하기 위해 쓰인 동의어입니다.

Au marché aux puces, Paul a acheté un livre d'occasion. Quant à Marie qui était en sa compagnie, elle a **acheté** (acquis) un vieux tableau.

Ayant appris que son père était malade, il est allé à Paris. Mais sa soeur, occupée par le travail, ne pouvait pas y **aller** (s'y rendre).

La Chine est le premier partenaire économique de la Corée du Sud. Les deux pays sont aussi rivaux sur le marché international, d'autant que **la Chine** (l'empire du Milieu) ratrappe **la Corée du Sud** (le pays du Matin clair) en matière de technologie de pointe.

동어 반복을 피하는 또 다른 방법은 수사학 기법 중 하나인 <환유métonymie> 사용입니다. 환유는 어떤 사물을 그것과 밀접한 관계가 있는 다른 낱말을 빌려 표현하는 수사법입니다. 예를 들어 <boire un verre 술 한 잔 하다>는 내용물인 술을 그것을 담고 있는 사물을 가리키는 말, <잔>으로 대신해 표현한 환유입니다. <Toute la salle a applaudi 객석에서 박수가 터져 나왔다>도 같은 종류의 환유입니다. 박수를 친 관객들을 그들이 자리한 공간를 가리키는 말로 표현한 것이죠. 부분으로 전체를 가리키는 환유법도 있습니다. <Il a trouvé un nouveau toit 그는 새 집을 구했다>에서 주택의 일부인 <지붕 toit>이 <집 maison>을 대신해 쓰였습니다. 시인이나 소설가는 환유에 능한 사람들입니다. 그래서 그들의 글은 보통 사람들의 글과 다르죠.

자 그럼 학생의 글에서 반복되는 <réseaux sociaux>를 다른 말로 바꾸어 볼까요.

> Il est à noter que les réseaux sociaux sont devenus le média privilégié. En effet, de nos jours, les gens en général communiquent sur **ces espaces virtuels**. Grâce à **ceux-ci**, ils ont l'avantage d'échanger des informations facilement et rapidement.

위 글에는 또한 정교하게 다듬어야 할 문장이 있습니다. <En effet, de nos jours, les gens en général communiquent sur ces

espaces virtuels>입니다. 소셜 네트워크가 편리하다고 그것만을 소통 수단으로 삼는 건 아니죠. 다른 매체보다 자주 이용할 뿐입니다. 따라서 이렇게 문장을 다듬어야겠습니다.

En effet, de nos jours, les gens en général communiquent **le plus souvent** sur ces espaces virtuels.

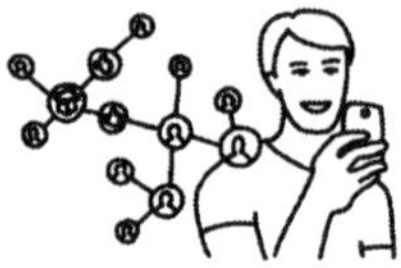

본론에도 동어 반복이 잦습니다. 읽으면서 굵게 표시된 부분을 어떤 다른 말로 바꿀 수 있는지 생각해 보세요.

> En revanche, cet avantage peut négativement influencer notre vie. A mon avis, il ne faut pas être dépendant des réseaux sociaux.
>
> D'abord, il y a le risque de la fuite des données personnelles. Par exemple, février dernier, **la fuite d'**une grosse quantité **de données personnelles** a eu lieu sur Facebook. Ces données peuvent être ultilisées pour des crimes comme l'hameçonnage par téléphone.

Par ailleurs, il y a beaucoup d'informations fausses sur les réseaux sociaux et elles circulent facilement et rapidement. En particulier, il est difficile de vérifier la crédibilité d'une information **sur les réseaux sociaux**, parce qu'il n'y a pas de source exacte.

Il faut surtout noter que selon une étude publiée aux Etats-Unis, plus longtemps les gens utilisent **les réseaux sociaux**, plus facilement ils sont exposés à la dépression et aux troubles du contrôle des impulsions. Donc, l'utilisation excessive **des réseaux sociaux** risque de nuire à la santé mentale.

두 번 연속 쓰인 <개인 정보 유출 la fuite des données personnelles>은 두 번째 사용에서 다른 말로 바꿀 필요가 있습니다. <사적 정보 유실 la perte des données confidentielles>이란 표현을 쓸 수 있겠습니다. 한편 세 번째 문단에서 <sur les réseaux sociaux>는 < sur ce média> 또는 <sur Internet>으로 바꾸면 반복을 피할 수 있겠죠.

마지막 문단에 두 번 사용된 <réseaux sociaux>도 같은 말 되풀이를 피하기 위해 다른 말로 바꿔야겠습니다. 어떤 말이 있을까요. <Réseaux sociaux>는 <service de réseautage social en ligne 인터넷 사회 관계망 서비스>를 일반적으로 부르는 말입니다. 원말로 바꾸면 동어 반복을 피할 수 있겠죠. 한편 마지막 문장에서 <l'utilisation excessive des réseaux sociaux>는 <réseaux sociaux>를 대신한 말 <le service de réseautage social en ligne>가 바로 앞에서 쓰였음으로 <**son** utilisation 그것의 사용>으로 써야겠죠.

이번에는 잘못 쓰인 어휘, 비논리적 표현 등을 바로잡아 본론을 다듬어 보겠습니다.

En revanche, cet avantage peut négativement influencer notre vie.

<반면 이 장점은 우리 생활에 부정적 영향을 미칠 수 있다>? 이어지는 글을 읽어 보면 필자의 지적은 쉽고 빠른 정보 교환이란 장점에서 비롯되는 부정적 요소들이 아니라 그러한 장점에도 불구하고 소셜 네트워크가 야기하는 문제들입니다, 사실 이런 문제점들의 하나로 든 <개인 정보 유출 fuite des données personnelles>은 소셜 네트워크를 통한 소통의 장점과는 직접적 관계가 없습니다.

한편 <en revanche>는 두 사실을 대치 시킬 때 쓰는 부사어입니다. <Il est nul en mathématiques. En revanche, il excelle en histoire 수학 실력은 형편없지만 역사 과목에는 뛰어나다> 처럼 말이죠. 그런데 학생의 글에서 소셜 네트워크를 통한 소통의 장점과 이 매체가 야기하는 문제점은 <대치>의 관계로 연결될 수 없습니다. <장점이 있지만>, 즉, <양보>의 관계가 성립됩니다.

이런 점들을 감안할 때 문제의 문장은 이렇게 고칠 수 있겠습니다.

Malgré cet avantage, les réseaux sociaux soulèvent certains problèmes.

<Avantage>와 <réseaux sociaux>의 반복을 피하고자 한다면 <réseaux sociaux>를 <ce média privilégié>로 바꾸고 <avantage>란 말을 없애는 대신 <toutefois 그렇기는 하지만>을 넣을 수도 있겠습니다.

Ce média privilégié soulève toutefois certains problèmes.

이 문장에 이어지는 <A mon avis, il ne faut pas être dépendant des réseaux sociaux>에는 두 문장을 이어주는 <그렇기 때문에 ainsi>와 같은 접속사가 필요합니다.

A mon avis, il ne faut **ainsi** pas être dépendant des réseaux sociaux.

<Réseaux sociaux>는 앞 문장의 <ce média privilégié>를 가리키는 것임으로 대명사 <en>으로 대체해야겠죠.

A mon avis, il ne faut ainsi pas **en** être dépendant.

이 같은 주장을 뒷받침하는 첫 번째 논거를 서술한 다음 글에서 <par exemple>은 적절한 말일까요?

D'abord, il y a le risque de la fuite des données personnelles. **Par exemple**, février dernier, la perte d'une grosse quantité de données confidentielles a eu lieu sur Facebook.

<Par exemple>은 앞서 진술의 구체적 예를 들 때 사용합니다. 페이스북에서 일어난 다량의 개인 정보 유출 사건이 사적 정보 유출 위험의 한 예일까요? 앞서의 진술이 <소셜 네트워크 서비스를 제공하는 다수의 회사들이 개인 정보를 도난 당하고 있다>였다면 <그 한 예로 par exemple>란 말로 페이스북의 경우를 들 수 있겠죠. 하지만 위 글에서는 개인 정보 유출 위험이 가시화된 사건을 언급하고 있습니다. 즉, 페이스북에서 일어난 사건은 그런 위험의 결과죠. 이 경우 접속어는 <par exemple>이 아닌 우리말로 <사실>, <실지로> 등으로 번역되는 <en effet>입니다. 여기저기서 <어렵다>는 말이 들려오는 것 같군요. 하지만 어려운 것은 프랑스어가 아니라 논리적 사고입니다.

두 번째 논거를 제시한 문단에서 <en particulier>는 글을 논리적으로 이어주는 접속어 사용이 잘못된 또 다른 경우입니다. 이 접속어가 연결 고리 역할을 하는 두 진술은 <가짜 뉴스 유포>와 <소셜 네트워크에 올라온 정보의 신빙성 확인 어려움>입니다. 두 진술이 과연 <특히 en particulier>란 말로 이어질 수 있을까요?

학생이 하고자 했던 말은 <가짜 뉴스 유포는 정보의 신빙성을 확인하기 어렵기 때문에 **특히** 문제가 된다>였을 것입니다. 하지만 우리말로 <특히>로 번역되는 <en particulier>는 여러 개 중에 특별히 하나를 가리킬 때 쓰는 말입니다. <나는 과일, 특히 사과를 좋아한다 J'aime les fruits, en particulier les pommes>처럼 말이죠. 반면 학생이 <en particulier>로 표현하려고 했던 <특히>는 <더더구나 d'autant plus>란 의미입니다. 잘못 쓰인 어휘를 바로잡은 대목을 보세요.

> Par ailleurs, il y a beaucoup d'informations fausses sur les réseaux sociaux et elles circulent facilement et rapidement. **Cela fait d'autant plus problème qu**'il est difficile de vérifier la crédibilité d'une information sur Internet.

왜 정보의 신빙성을 확인하기 어려울까요? 글 쓴 학생은 <정확한 출처가 없기 때문 parce qu'il n'y a pas de source exacte>이라고 했습니다. 출처가 없는 것일까요 출처를 밝히지 않은 것일까요?

후자겠죠. 따라서 이유를 설명하는 문장은 이렇게 고쳐야 합니다.

parce que la source n'est pas précisée.

마지막 논거는 미국에서 발표된 한 연구 결과입니다. 즉, 소셜 네트워크를 지나치게 이용할 경우 <우울증과 충동성 제어 장애에 노출 된다 ils sont exposés à la dépression et aux troubles du contrôle des impulsions>고 합니다. <바이러스에 노출 être exposé au virus>될 수는 있지만 우울증이나 자기 제어 장애에 노출될 수는 없습니다. 이들은 바이러스처럼 공기 중에 떠도는 것이 아니기 때문이죠. 그럼 어떻게 말해야 할까요? 네, <우울증과 충동 제어 장애 **위험에** 노출된다 ils sont exposés **au danger** de la dépression et des troubles du contrôle des impulsions>고 해야겠지요.

이 논설문을 쓴 학생은 어떻게 끝맺음을 했을까요. 결론 부분을 보시죠.

Il est vrai que pour certaines personnes, les réseaux sociaux sont le média très utile. Mais les dommages qu'ils peuvent causer sont évidents. Donc, il faut faire attention pour ne pas en être dépendant.

<Il est vrai... Mais>, 독자의 반론을 예상하고 미연에 차단했군요. 하지만 <pour certaines personnes>는 필요 없는 말입니다. 거의 모든 사람들이 소셜 네트워크의 유용성에 동의하니까요.

잘못 쓰인 어휘가 하나 있습니다. <évident>입니다. <자명하다>란 뜻이죠. 소셜 네트워크가 끼칠 수 있는 피해가 자명, 즉 설명이 필요 없을 정도로 명백하다면 필자는 왜 자신의 글에서 그 문제점들을 자세히 언급했을까요? 위 글에서 <évident>은 적절한 말이 아닙니다. <간과할 수 없는 non négligeable>을 쓰는 것이 어떨까요. <소셜 네트워크가 유용한 것은 사실이지만 그것이 끼칠 수 있는 피해들은 간과할 수 없다 Il est vrai que les réseaux sociaux sont le média très utile. Mais les dommages qu'ils peuvent causer sont non négligeables>로 쓸 수 있겠군요.

첨삭을 거친 글의 전문입니다.

Il est à noter que les réseaux sociaux sont devenus le média privilégié. En effet, de nos jours, les gens en général communiquent le plus souvent sur ces espaces virtuels. Grâce à ceux-ci, ils ont l'avantage d'échanger des informations facilement et rapidement.

Ce média privilégié soulève toutefois certains problèmes. A mon avis, il ne faut ainsi pas en être dépendant.

D'abord, il y a le risque de la fuite des données personnelles. En effet, février dernier, la perte d'une grosse quantité de données confidentielles a eu lieu sur Facebook. Ces données peuvent être utilisées pour des crimes comme l'hameçonnage par téléphone.

Par ailleurs, il y a beaucoup d'informations fausses sur les réseaux sociaux et elles circulent facilement et rapidement. Cela fait d'autant plus problème qu'il est difficile de vérifier la crédibilité d'une information sur Internet, parce que la source n'est pas précisée.

Il faut surtout noter que selon une étude publiée aux Etats-Unis, plus longtemps les gens utilisent le service de réseautage social en ligne, plus facilement ils sont exposés au danger de la dépression et des troubles du contrôle des impulsions. Donc, son utilisation excessive risque de nuire à la santé mentale.

Il est vrai que les réseaux sociaux sont le média très utile. Mais les dommages qu'ils peuvent causer sont non-négligeables. Donc, il faut faire attention pour ne pas en être dépendant.

여러분의 글도 이렇게 섬세히 다듬어 보세요. 잘못된 표현을 발견하고 고칠 때마다 한 편의 글을 썼을 때 못지않은 희열을 맛볼 것입니다. 글 다듬기는 그릇된 발상을 바로잡고 정제되지 않은 생각을 개선하는 일종의 자기 수양이니까요.

이재욱

경희대학교 불어교육과 졸업
성균관대학교 불어불문학 석사
프랑스 몽뻴리에 3대학 불문학 박사
경희대학교 프랑스어학과 교수

저서 : 『다큐멘터리 프랑스 현대사』

책으로 듣는 강의 프랑스어 글쓰기

초판 1쇄 발행 _ 2022년 3월 16일

저　　자 • 이 재 욱
발 행 인 • 정 현 걸
발　　행 • 신 아 사
인　　쇄 • 대명프린팅
출판등록 • 1956년 1월 5일 (제9-52호)
주　　소 • 서울시 은평구 통일로 59길 4(2층)
전　　화 • 02)382-6411 · 팩스 02)382-6401
홈페이지 • www.shinasa.co.kr
E-MAIL • shinasa@daum.net

ISBN 979-11-91158-87-8 (93700)

정가 13,000 원